Lieber Heinspeter

anbei mein neuestes Buch.
Ich habe parallel dazu auch eine
Ausstellung im HVM St. gallen gestaltet.
Vielleicht bist Du ja einmal in der
Ostschweiz.
Einen lieben Gruss auch an
Marianne!
Herzlichst

Herbst 2012

«... der Kaiser kommt!»

zum Schweizerbesuch Wilhelms II. im September 1912

Armin Eberle

«... der Kaiser kommt!»

zum Schweizerbesuch Wilhelms II. im September 1912

Armin Eberle

Erscheint aus Anlass des 100. Jahrestags des Kirchberger Kaisermanövers und begleitet die Sonderausstellung «Der Kaiser kommt!» im Historischen und Völkerkundemuseum St.Gallen vom 1. September 2012 bis 6. Januar 2013.

Herausgegeben von: Politische Gemeinde Kirchberg

Verlag: Appendix, Postfach, 9533 Kirchberg

ISBN 978-3-9521337-1-2

Umschlagsfoto: Armin Eberle, Kirchberg

Gestaltung: und Druck: E. Kalberer AG, Bazenheid

Das Buch wurde ermöglicht dank Unterstützung von:

A. Huser, Holzbau, Bazenheid
E. Kalberer AG, Satz, Druck und Verlag, Bazenheid
Ernst Sutter AG, Gossau/Bazenheid
Finara AG, Kirchberg
FisGah AG, Kirchberg
Kantonale St.Gallische Winkelriedstiftung, St.Gallen
Politische Gemeinde Kirchberg
St.Galler Kantonalbank AG, Bazenheid
Dr. Armin Strässle, Kaiserhügel, Kirchberg
Dr. Jakob Schönenberger, alt Ständerat, Kirchberg
Swiss Caps AG, Kirchberg
Syma Holding AG, Kirchberg
Toggenburger Vereinigung für Heimatkunde
Toggenburgerhof AG, Kirchberg
Willi Scherrer AG, Bazenheid

Inhalt

Vorwort		7
Einleitung		9
1.	Hurra, der Kaiser kommt!	11
	Das Vorspiel	12
	Die Stationen	15
	Wilhelm II. – der erste Medienstar?	35
2.	Das Manöver	41
	Die Vorbereitungen	41
	Manövertage	47
	Inspektion in Aadorf	58
	Nutzniesser und Geschädigte	59
	Reaktionen im In- und Ausland	63
	Gedichte zum Kaiserbesuch	68
3.	Die Schweizer Armee vor dem Ersten Weltkrieg	77
	Reformen und Neuerungen	77
	Die Richtungskämpfe	81
4.	Die Ostschweiz um 1912	87
	Bauboom und Pioniergeist	89
	Erste Schatten auf der «Belle Epoque»	93
5.	Die Schweiz in Europa	97
	Allianzen und Kriegspläne	97
	Zur Frage der Neutralität	99
6.	Die Bedeutung des Kaiserbesuchs	105
Anhang		116

Vorwort

Hoch trohnt sie über dem Dorf Kirchberg – die Linde auf dem Hügel beim Hüsligs. Mit den Namen «Kaiserlinde» und «Kaiserhügel» erinnern sie an ein Grossereignis, das die ganze Schweiz, die Region und insbesondere die Gemeinde Kirchberg vor 100 Jahren in den Bann gezogen hat. Der deutsche Kaiser Wilhelm II. war in der Schweiz auf Staatsbesuch. Im Zentrum seines Interesses standen die Herbstmanöver des III. Armeekorps in der Region Wil-Kirchberg. Kein Wunder, hielt sich der Monarch mit zahlreichen Vertretern aus Militär und Politik am 4. September 1912 auf dem Kaiserhügel auf. Hier fand er einen idealen Aussichtspunkt mit herrlichem Blick in die Region und auf das Manövergelände.

Die Gemeinde Kirchberg nimmt das Gedenkjahr 2012 zum Anlass, um die Bevölkerung an das damalige prägende Ereignis zu erinnern. Wir haben daher den in unserer Gemeinde wohnhaften Historiker lic.phil. Armin Eberle beauftragt, ein Buch über den Kaiserbesuch von 1912 zu verfassen.

Der Autor gibt in seinem Werk einen gut lesbaren Überblick über den Kaiserbesuch und die berühmt gewordenen Kaisermanöver. Es ist ihm gelungen, die grosse Begeisterung und Sympathie für den deutschen Kaiser in der damaligen Bevölkerung fassbar zu machen. Die grosse Faszination bildet ebenso Gegenstand wie ablehnende Reaktionen in Teilen der Bevölkerung. Schliesslich wird auch den Hintergründen des Kaiserbesuchs nachgespürt. Auch kritische Aspekte der kaiserlichen Aufwartung in der Schweiz finden ihren berechtigten Platz.

Der Besuch von Kaiser Wilhelm II. war nicht irgendein isoliertes Ereignis. Er stand im Spannungsfeld der europäischen Grosswetterlage und fand in einer gesellschaftspolitisch spannenden Zeit statt. Es ist das Verdienst des Autors, diese Zusammenhänge und Umfelder aufzuzeigen und den Kaiserbesuch im Jahr 1912 darin einzubetten. Dieses Unterfangen ist gelungen und macht das Buch dadurch besonders lesenswert. Für diese Leistung danke ich dem Autor ganz herzlich.

Ein herzlicher Dank geht auch an alle Personen und Institutionen, die das vorliegende Buch mit ihrer grosszügigen Unterstützung erst ermöglicht haben.

Liebe Leserinnen und Leser. Richten Sie Ihren Blick wieder einmal zur Kaiserlinde auf dem Kaiserhügel. Wenn Sie den Symbolgehalt dieses stattlichen Baums erkennen, hat dieses Buch seinen Zweck erfüllt.

Christoph Häne, Gemeindepräsident

Einleitung

Zwei Jahre vor dem Ausbruch des 1. Weltkriegs besuchte der deutsche Monarch Kaiser Wilhelm II. die Schweiz. Der Staatsbesuch dauerte vom 3. bis 6. September 1912 und stiess in der breiten Bevölkerung auf ein begeistertes Echo. An allen Hauptstationen der Reise – Zürich, Kirchberg, Wil und Bern – wurde Wilhelm II. von einer riesigen Zuschauermenge empfangen und gefeiert. Das zentrale Ereignis des ganzen Anlasses war der Besuch der Herbstmanöver des III. Armeekorps in der Region Kirchberg-Wil.

Im «Alttoggenburger», der Regionalzeitung «für Alt- und Untertoggenburg, Wyl und Umgegend», erschien der erste Beitrag zum bevorstehenden Besuch des deutschen Kaisers bereits am 19. Januar 1912: «Eben kommt aus dem Bundespalais in Bern die Nachricht, der deutsche Gesandte habe dem Bundesrat offiziell den Besuch des deutschen Kaisers auf den Monat September angesagt... Der Kaiser äusserte den Wunsch, durch den Gesandten dahin, er möchte etwa am 3. September in die Schweiz kommen, um dann den Manövern der fünften und sechsten Division beiwohnen zu können, am 7. September würde er wahrscheinlich wieder verreisen. Der Bundesrat teilte dann dem Gesandten mit, dass es ihm zur hohen Ehre gereichen werde, den mächtigsten Kriegsherrn des europäischen Kontinents empfangen zu dürfen und damit hat der Bundesrat auch im Namen aller Schweizer gesprochen, denn ein jeder echter Patriot wird mit Freuden den grossen Friedenskaiser innert den Gemarken unseres Landes empfangen. Da die Manöver der sechsten Division in der Ostschweiz stattfinden werden, können wir St.Galler vielleicht den deutschen Kaiser auch noch einmal in persona sehen.»[1]

Dieses zeitgenössische Zitat ist in vielerlei Hinsicht interessant. Einerseits zeigt es, wie das deutsche Reich zwei Jahre vor dem 1. Weltkrieg wahrgenommen wurde, nämlich als mächtigste Nation Europas. Gleichzeitig wird der deutsche Kaiser Wilhelm II. als «Friedenskaiser» bezeichnet und die Bewunderung für den deutschen Monarchen ist deutlich spürbar. Auf der anderen Seite scheint man in der Gemeinde Kirchberg noch nichts davon zu ahnen, dass man rund acht Monate später der Hauptschauplatz dieses Besuches sein wird, buchstäblich überrannt von Zehntausenden von Soldaten und «kaiserbegeisterten» Besuchern.

Im Folgenden sollen die Hintergründe und der Ablauf dieser Kaiserreise, insbesondere des «Kaisermanövers» selber, aber auch die Reaktionen im In- und Ausland, dargestellt und näher beleuchtet werden. Ergänzt werden diese Ausführungen durch eine Betrachtung der Zeit um 1912. Wie präsentiert sich die Schweiz innenpolitisch (Gesellschaft, Politik und Armee) zwei Jahre vor dem grossen europäischen Krieg und wie stand es um das Verhältnis der «Alpenrepublik» zu seinen Nachbarn inmitten eines fast ausschliesslich monarchistischen Europas.

---

1   Der Alttoggenburger, 19. Januar 1912.

Hurra, der Kaiser kommt!

Der Besuch Wilhelm II. im Jahr 1912 war nicht das Resultat dringender diplomatischer Bemühungen von Seiten des schweizerischen Bundesrates, sondern entsprang einem seit langem gehegten Wunsch des Kaisers selber: 1908 erstmals geäussert, 1911 wiederholt und im Januar 1912 schliesslich über den deutschen Gesandten in der Schweiz als offizielle Anfrage formuliert.[1] Diese Anfrage fand die Zustimmung des Bundesrates auch deshalb, weil neutralitätspolitisch kaum Bedenken anzubringen waren. In den Jahren zuvor hatten die Staatsoberhäupter sämtlicher anderer Nachbarn die Schweiz besucht, nämlich der italienische König Viktor Emanuel III., der österreichische Kaiser Franz Josef und als Letzter am 15./16. August 1910 der Präsident der Französischen Republik, Clément Armand Fallières. Im Übrigen verfolgte auch eine grosse Zahl hoher Offiziere anderer Staaten die Herbstmanöver des III. Armeekorps, begleitet vom Chef des eidg. Militärdepartementes, Bundesrat Hoffmann, sodass kaum der Eindruck entstehen konnte, es handle sich um eine «Inszenierung» ausschliesslich für die deutschen Gäste.

Eine der vielen Postkarten aus Anlass des Besuchs des deutschen Kaisers.
Gemeindearchiv Kirchberg

Der Staatsbesuch des deutschen Monarchen wurde von der Schweizer Politik und Presse wohlwollend aufgenommen – mit Ausnahme der Sozialdemokraten. Der «Tages Anzeiger» begrüsste den deutschen Kaiser als «Oberhaupt des grossen Deutschen Reiches» und «obersten Kriegsherrn des kraftvollsten Heeres der Welt», welcher stets ein «aufrichtiger Freund unseres Vaterlandes» gewesen sei. Als «Mann von vielseitigen Geistesgaben und grosser Tatkraft» mit «offenem Charakter» interessiere er sich für «alle Errungenschaften und Bestrebungen der Zeit» und sei auch ein grosser Freund der «gebirgigen Naturschönheit».[2] Auch die «Ostschweiz» lobte Wilhelm II. als einen «Herrscher von hohen Eigenschaften und seltenen Gaben» und stellte fest, dass auch «der schweizerische Republikaner dankbar und freudig» erkenne, was der Kaiser «für den Weltfrieden schon geleistet» habe. Man gehöre

---

1   Protokoll Bundesrat 30.9.1908; Bericht Botschafter in Berlin 3.2.1911; Politisches Jahrbuch 1912, S. 515.
2   Tages Anzeiger, 3. September 1912.

ja auch der gleichen «Stammes- und Kulturgemeinschaft» an.[3] Ganz anders tönte es bei der sozialdemokratischen «Volksstimme» schon im Januar: «Das Jahr 1912 wird für die Schweiz ein komplettes Glücksjahr werden. Seine Majestät Wilhelm der Zerschmetterer, Wilhelm, der die deutschen Sozialdemokraten 'niedergeritten', kommt im Herbst zu Besuch in das 'freieste Land' der Erde. Herrgott, wird das eine Freude sein für unsere freisinnigen Zeitungsschreiber, wenn sie berichten können, wie ER den Schnurrbart trägt, wie ER räuspert, und wie Er spuckt, wie ER sich huldvoll mit dem Herrn und der Frau Bundesrat unterhalten und wie 'gnädig' ER unsern ausgezeichneten Schweizerkäse beurteilt, den man in Berlin isst, während wir in der Schweiz mit dem Ausschuss vorlieb nehmen müssen… Der Bundesrat hat bereits ein Kriegsautomobil und einen Zeppelin-Luftkreuzer in Auftrag gegeben, um den durchlauchtigsten Gast nach Wahl spazieren oder fliegen lassen zu können. Für die Berichterstatter der freisinnigen Regierungspresse werden Kurse in Knie- und Rumpfbeuge veranstaltet. An die Kreisinstruktoren aller Waffengattungen ist telegraphisch Order abgegangen, das Hipp hipp hurra! sorgfältig einzuüben, damit es bis zum Herbst klappt…»[4]

Das Vorspiel

Mitte August 1912 wurde das für den 3. bis 7. September vorgesehene Reiseprogramm veröffentlicht. Neben dem Besuch der Manöver in der Ostschweiz und den Stationen Zürich, Bern und Ittingen wollte der Kaiser auch nach Interlaken reisen und dort im Hotel Viktoria übernachten. Nach einer Fahrt mit der gerade erst eröffneten Bahn auf das Jungfraujoch sollte es schliesslich über den Brünig nach Alpnachstad und von dort mit dem Schiff nach Luzern gehen.[5] Die Schweizer Presse überbot sich mit Gerüchten und Spekulationen zum bevorstehenden Besuch. «Im Publikum frägt man sich allgemein, welche Uniform wohl der Kaiser bei den Manövern und den offiziellen Empfängen tragen werde», meldete beispielsweise der «Alttoggenburger» am 16. August und stellte enttäuscht fest, dass man darüber nicht einmal im Bundesratshaus Kenntnis habe. Fest stehe allerdings schon, dass für «die schweizerischen und kantonalen Zivilpersonen… an offiziellen Anlässen… Frack und Zylinder vorgeschrieben» seien.[6] Die Volksstimme andererseits spottete munter weiter – trotz der Ankündigung, man werde das ganze «Theater» ignorieren und gar nicht kommentieren. Am 14. August war im sozialdemokratischen Blatt zu lesen, dass für die «Hofberichterstatter» vom «Bund» und der «Neuen Zürcher Zeitung» wohl «ein Spezialwagen der Firma Bell» an den Hofzug angehängt werde, der dann in Basel, wo der Kaiser die Schweiz wieder verlasse, «auf dem Güterbahnhof St. Johann unter Quarantäne auf Maul- und Klauenseuche genommen werden dürfte.»[7]

---

3 Die Ostschweiz, 3. September 1912, Abendblatt.
4 Volksstimme, 17. Januar 1912.
5 Der Alttoggenburger, 13. August 1912; Berner Intelligenzblatt, 21. August 1912, Zweites Blatt.
6 Der Alttoggenburger, 16. August 1912.
7 Volksstimme, 14. August 1912.

Aquarell von Wilhelm Stückelberg (1890-1915) mit Kaiser Wilhelm II. und Oberstkorpskommandant Theophil Sprecher von Bernegg, 1913.
Historisches Museum Basel

Das «Gefolge» von Kaiser Wilhelm II. setzte sich aus folgenden Personen zusammen:[8]
– Generaladjutant Generaloberst von Plessen
– Der Fürst zu Fürstenberg
– Oberhofmeister Marschall Graf zu Eulenburg
– General der Infanterie von Moltke, Chef des Grossen Generalstabes der Armee
– General der Infanterie Freiherr von Höningen, genannt Huene
– Generaladjutant General der Infanterie Freiherr von Lynker, Chef des Militärkabinetts
– Wirklicher Geheimer Rat von Valentini, Chef des Geheimen Zivilkabinetts
– Vizeoberzeremonienmeister von Roeder
– Gesandter Freiherr von Jenisch
– Kammerherr Freiherr von Kleist
– Generalarzt von Ilberg
– Flügeladjutant Oberstlieutenant von Mutius
– Flügeladjutant Major Freiherr von Holzing-Berstett
– Hauptmann von Bismarck, Militärattaché bei der Deutschen Gesandtschaft in Bern

Vom Bundesrat wurden für den Dienst des deutschen Kaisers kommandiert:
– Oberstkorpskommandant Theophil Sprecher von Bernegg
– Oberstdivisionär A. Audéoud, Kommandant der 4. Division
– Oberstlieutenant i.G. Wieland, Stabschef der 3. Division

---

8   Berner Intelligenzblatt, 22. August 1912, Erstes Blatt.

Dann am 27. August die Hiobsbotschaft. Der Kaiser war erkrankt! Im offiziellen Bericht von Oberhofmeister Graf zu Eulenburg hiess es: «Nachdem sich am Freitag, den 23. August, morgens schon eine Steifigkeit der rechten Halsmuskel gezeigt hatte, machte sich am Vormittag unter Schüttelfrost und starkem Krankheitsgefühl eine Anschwellung der rechten Halsseite bemerkbar. Bei der Untersuchung fand sich eine Schwellung der rechten Gaumenmandel, Schwellung und grosse Schmerzhaftigkeit der rechtsseitigen Halsmuskel und Anschwellung der vor dem Kopfnicker gelegenen Drüsen.»[9] Das «Berner Intelligenzblatt» stellte noch am 29. August schon fast verzweifelt fest, dass die Antwort auf die Frage, ob er komme oder nicht, wechsle «wie beim Gänseblümchenorakel», um dann aber etwas weiter unten in der gleichen Ausgabe festzustellen, dass, «nachdem das Vorstehende gesetzt war», in Erfahrung gebracht werden konnte, dass Kaiser Wilhelm II. die Reise in die Schweiz antreten könne – allerdings verbunden mit einer starken Verkürzung des Programms.[10]

«Der Kaiser kommt doch!» So kann man heute in allen Zeitungen lesen. Aufrichtige Freude durchzittert die Herzen aller, da man diese Nachricht lesen konnte. Denn wie das Kind auf Weihnachten die Tage und Wochen zählte, wann das Christkindlein kommen werde, so unser Volk. Als in jüngster Zeit die Meldungen von der Erkrankung des deutschen Kaisers zu uns eilten, da sagte man sich: «Dieses Mal darf unser schön gewarteter und gehegter Traum nicht jäh zerstört werden, nein wir wollen den Kaiser sehen».[11]

Die ehemalige Villa Wesendonk beherbergt heute das Museum Rietberg. *ETH-Bibliothek*

---

9   St.Galler Tagblatt, 27. August 1912, Morgenblatt.
10 Berner Intelligenzblatt, 29. August 1912, Erstes Blatt.
11 Der Alttoggenburger, 30. August 1912.

Das Programm der Kaiserreise war von Anfang an ganz auf den Besuch der Manöver ausgerichtet. Wilhelm sollte den ersten Tag in Zürich, die zwei folgenden im Manövergebiet und die letzten beiden Tage im Berner Oberland und in Luzern verbringen. Zentraler Angelpunkt war Zürich, wo der Kaiser in der Villa Wesendonk, als Gast von Bertha Rieter-Bodmer, residierte.[12] Der Ausflug ins Berner Oberland und nach Luzern wurde nun auf Anraten der Hofärzte gestrichen; der Kaiser sollte sich in Zürich ausruhen können und am 6. September – nach einem kurzen Abstecher in die Bundeshauptstadt – wieder ins Deutsche Reich zurückkehren.

Die Enttäuschung in Interlaken und Luzern war riesig: «Für Luzern wie das Berner Oberland wird diese Reduktion des Besuchsprogrammes eine schwere Schädigung weitreichender materieller Interessen bedeuten; direkt und indirekt. Die bedeutenden Aufwendungen, die bereits zur Vorbereitung des Besuches gemacht waren und die nun nutzlos bleiben, werden weniger schwerwiegend sein als die allgemeine, mehr indirekt erwachsende Schädigung. Doch man wird sich damit abfinden müssen...»[13]

Die Stationen

3. September, 15h31
12 Minuten in Basel

Um 15h31 überquerte der kaiserliche Hofzug die Schweizer Grenze, begrüsst von Kanonenschüssen. Zwei Minuten später fuhr die Komposition, bestehend aus einem Gepäckwagen, zwei Gefolgewagen, dem Salonwagen, einem weiteren Gefolgewagen, dem Speisewagen und einem Küchenwagen im SBB Bahnhof in Basel ein. Der Kaiser, eingekleidet in die Uniform des Gardeschützenbataillons[14], wurde begrüsst durch von Bülow (Gesandter in Bern), von Bismarck (Militärattaché) und den deutschen Generalkonsul in Basel Wunderlich. Die Schweizer Delegation bestand aus Generalstabschef Oberst Sprecher von Bernegg, Oberst Audéoud, Oberstleutnant Wieland und einer Delegation der Basler Regierung mit den Regierungsräten Dr. Friedrich Aemmer, Dr. Paul Speiser, Dr. Carl Christoph Burckhardt und dem Regierungssekretär Dr. Imhof. Ebenfalls anwesend waren der Standesweibel und SBB Generaldirektor Zingg. Bereits um 15h45 fuhr der Hofzug weiter nach Zürich.

---

12 Die herrschaftliche Villa war 1855-1857 von Leonard Zeugheer im neoklassizistischen Stil für Otto und Mathilde Wesendonk erbaut worden. Der deutsche Komponist Richard Wagner war von 1849 bis 1858 Gast der Familie Wesendonk.
13 Berner Intelligenzblatt, 30. August 1912, Erstes Blatt: Zitat aus dem luzernischen «Vaterland».
14 Das preussische Gardeschützenbataillon rekrutierte sich bis 1857 ausschliesslich aus Neuenburgern, da der König von Preussen bis zu diesem Jahr auch Fürst von Neuenburg war. Das Tragen dieser «Schweizer» Uniform wurde als besondere Aufmerksamkeit des Kaisers verstanden.

Der «abwesende» Regierungspräsident Dr. Hermann Blocher überreicht dem Kaiser eine Schachtel «Basler Läckerli».
Nebelspalter, 24.8.1912

Bundespräsident Ludwig Forrer begrüsst den Kaiser auf dem Bahnhof Zürich.
Stadtarchiv Wil

Obwohl das Basler Intermezzo nur 12 Minuten dauerte, löste es ein kleineres politisches Erdbeben aus. Die Basler Regierungsdelegation wurde nicht vom eigentlich von Amtes wegen dazu verpflichteten Regierungspräsidenten Dr. Hermann Blocher, sondern «nur» vom Vizepräsidenten Friedrich Aemmer angeführt.[15] Sozialistische Kreise in Basel hatten ihrem Regierungspräsidenten im «Vorwärts» nahegelegt, «dem Empfang fernzubleiben». Worauf die «Basler Nachrichten» konterten, Blocher sei von Amtes wegen als höchster Vertreter Basels dazu verpflichtet, den deutschen Kaiser zu empfangen: «Seine Zugehörigkeit zur sozialdemokratischen Partei tut dieser seiner Stellung, da wir einstweilen noch ein demokratisches Staatswesen sind, nicht im geringsten Abbruch.» Die Berner «Tagwacht» drohte dem Regierungspräsidenten sogar mit einem Parteiausschluss, falls er es wagen sollte, seiner Repräsentationspflicht nachzukommen. Das sozialdemokratische Parteikomitee habe an einer Sitzung beschlossen, der Kaiserbesuch sei als Privatbesuch und nicht als Staatsbesuch

---

15 Vgl. dazu Schaer, Kaiser Wilhelm II., S. 12; Der Alttoggenburger, 20. August 1912; Berner Intelligenzblatt, 4. September 1912.

zu verstehen. Darüber könne sich Dr. Blocher nicht hinwegsetzen. Im Gegensatz dazu meinte das Zürcher «Volksrecht»: «Nicht, dass ein Sozialdemokrat in einer Behörde sich besonders zur Übernahme derartiger Höflichkeitspflichten drängen sollte. Ist er aber von seinen Kollegen dazu bestimmt worden, dann hat er auch weiss Gott nicht nötig, sich aus missverstandener Grundsätzlichkeit hinter den Hag zu stellen. Das müsste ja eine wunderlich locker in den Bändern hängende sozialdemokratische Gesinnung sein, die sich fürchtete, einem Gegner, wie wir sie in unseren Parlamenten zu Hunderten neben uns haben, im Anstand guten Tag und guten Weg zu wünschen!». Nun, Hermann Blocher entzog sich dem Dilemma, indem er dem Empfang tatsächlich fernblieb und sein Fehlen bereits lange im Voraus mit Ortsabwesenheit (Urlaub) entschuldigte.[16]

3. September, 18h
Einfahrt des «Hofzuges» in Zürich

Wie bereits in Basel kündigte Geschützdonner von den Höhen des Polytechnikums die Einfahrt des Hofzuges an. Die an der Südrampe des Bahnhofs platzierte Stadtmusik spielte «Rufst du, mein Vaterland.» Wilhelm II. entstieg dem Salonwagen, der Kaiser und der Bundespräsident Ludwig Forrer begrüssten sich und stellten gegenseitig die Delegationen vor. Für den «Ehrendienst» am Kaiser war das Schützenbataillon 6 unter dem Kommando von Major Wille aufgeboten. Nach der ersten Begrüssung schritt der Kaiser die Ehrenkompanie ab, die Schützenmusik spielte den «Fahnenmarsch». Dann fuhren Gäste und Gastgeber in offenen Landauern durch die Bahnhofstrasse Richtung Villa Rietberg, dem kaiserlichen Quartier.

«Auf allen Gesichtern gespannte Erwartung. Die Augen der Republikaner wie die der ausländischen Monarchisten leuchtend im Glanz frohfestlichen Empfindens. Wie wird er uniformiert sein? Wie wird er grüssen? Wird die Fahrt wohl auch langsam genug sein, dass man ihn genau sieht, den Kaiser, von dem alle Welt spricht und der nun unserem Vaterland die Ehre seines Besuches erweist... «Er [der Kaiser] sah frisch, etwas gebräunt aus, zeigte freudige Munterkeit und begrüsste jeden einzelnen der ihm vom Bundespräsidenten vorgestellten Herren mit militärischem Salut und nachherigem Händedruck, wobei er jedem einige verbindliche Worte sagte... Brausende Hochrufe ertönten von allen Seiten der Umgebung des Platzes... Wie Mücken eine Flamme umhüpften etwa ein Dutzend Photographen die Szene...»[17]

---

16 Die Ostschweiz, 23. August 1912, Abendblatt.
17 Tages Anzeiger, 4. September 1912.

Der Kaiser schreitet die Ehrenkompanie vor dem Bahnhof Zürich ab. *Gemeindearchiv Kirchberg*

In wochenlangen Vorbereitungen hatte sich die Stadt Zürich herausgeputzt: Ehren- und Triumphbogen an der Bahnhofstrasse und am Alpenquai, eine Allee von weiss-roten und schwarz-weiss-roten Masten beim Bahnhof und mit grossem Aufwand geschmückte Häuser links und rechts der Fahrroute.[18] Die sozialdemokratische «Volksstimme» spottete bezüglich dieser Vorbereitungsarbeiten: «... Die Strassenkehrer dürfen nur mit geschmücktem Besen ihres Amtes walten, ferner haben sie in Kniehosen und Tirolerhüterl anzutreten. Sollte der Kaiser auf dem Wege zum Quartier reiten, und dabei das Pferd Rossbollen streuen, so sind diese liegen zu lassen, bis sie der höchste Beamte des Strassenwesens wegschafft... Die Arbeiter des Kübeldienstes... müssen die Sporen anziehen, über die Bluse wird der Säbel geschnallt. Der Abortkübel der Villa, wo Kaiser Wilhelm übernachtet, darf nur von den drei höchsten Beamten des Abführwesens gewechselt werden. Der Inhalt wird zur Düngung der Kabisköpfe auf Gemeindeland verwendet».[19] Die bürgerliche Presse hingegen fand nur lobende Worte, so das St.Galler Tagblatt: «Der Deutsche Kaiser hat gestern die Hunderttausende, die seinen Einzug in der grössten Schweizer Stadt an der festlich geschmückten Bahnhofstrasse und an den prächtigen Kais erwartungsvoll beiwohnten, sehr angenehm enttäuscht durch die Schlichtheit seines Auftretens, gepaart mit grosser natürlicher Liebenswürdigkeit,

---

18 Neue Zürcher Zeitung, 27. August 1912, Zweites Abendblatt; 4. September 1912, Erstes Morgenblatt.
19 Volksstimme, 17. August 1912.

die lebhaft kontrastiert mit dem ernsten, fast strengen Zuge, der seinem Gesicht eigen ist...
Den vorzüglichen Eindruck, den er hiedurch auf die Hunderttausende des Volkes ersichtlich
hervorrief, kam denn auch in der warmen, ja begeisterten Begrüssung auf dem Wege zur Villa
Rietberg zu beredtem Ausdruck.»[20]

> «Die Spekulation auf die zahlungsfähige Neugier hat Zuwachs erhalten: schon
> schreiben eine Reihe von Leuten ihre günstig gelegenen Fensterplätze aus, um mit
> Preisen von minimal 50 Fr. einen Quartalszins herauszuschlagen. Etwas anmassend
> erscheint besonders eine Ausschreibung, welche einen Balkon an der Bahnhofstrasse für
> nur tausend Fränkli offeriert...»[21]

Der Ordnungsdienst stand unter dem Kommando von Major Ulrich Wille junior und wurde in erster Linie durch das Schützenbataillon 6 und die Dragoner-Schwadron 24 geleistet. Unterstützt wurden diese Einheiten bei ihrer Arbeit durch Mitglieder der Zürcher Turn- und Schützenvereine und Angehörige der Zünfte. Die Polizei kontrollierte das Geschehen zusätzlich mit Spezialeinheiten in kleinen Gruppen, welche sich unter das Publikum mischten. Die Stadtpolizei erliess spezielle «Verkehrspolizeiliche Anordnungen» und verlangte von der Fremdenkontrolle erhöhte Aufmerksamkeit. Besitzer von Liegenschaften an der Bahnlinie und an den «Kaiserrouten» wurden angehalten, «unbekannten und unvertrauten Personen» keine Räume zu vermieten.[22] Die Zürcher Polizei wurde vom Chef der Berliner Kriminalpolizei unterstützt. Zur grösseren Sicherheit des Kaisers wurden sogar Scheinrouten angelegt und «ausgesteckt», natürlich zur Enttäuschung jener Zuschauer, die darauf hereinfielen.[23]

Die «Volksstimme» meinte bezüglich des Sicherheitsaufwandes: «Wäre es nicht empfehlenswert, gleich die ganze Bevölkerung ins Kittchen zu stecken, bis der hohe Herr das sündige Limmatathen wieder verlassen hat...».[24] Der Polizeivorstand konnte nach der Abreise des hohen Gastes mit Genugtuung feststellen, dass der Aufenthalt des Kaisers «nicht von der geringsten Sicherheitsstörung» begleitet war. Die einzige Verhaftung, die über diese Tage erfolgt sei, habe einen deutschen Bäckergesellen betroffen, der glaubte, pfeifen zu müssen, als der Bundespräsident am Dienstag die Bahnhofstrasse abwärts zum Empfang des Kaisers Richtung Bahnhof fuhr.[25]

Der eigentliche Höhepunkt des ersten Besuchstages war ein Dîner im «Baur au Lac».[26] Um 18h30 traf der Kaiser, umjubelt von einer dichten Volksmenge, im Automobil vor dem Hotel

---
20 St.Galler Tagblatt, 4. September 1912, Morgenblatt.
21 Der Alttoggenburger, 30. August 1912; siehe auch: Tages Anzeiger, 28. August 1912.
22 Neue Zürcher Zeitung, 19. August 1912, Erstes Abendblatt; Tages Anzeiger, 26. August 1912; St.Galler Tagblatt, 2. September 1912, Abendblatt; Verkehrspolizeiliche Anordnungen, 26. August 1912.
23 Berner Intelligenzblatt, 6. September 1912, Erstes Blatt.
24 Volksstimme, 22. August 1912.
25 Protokoll Stadtrat Zürich, 1912/Nr.1323.
26 Siehe dazu: Schaer, Kaiser Wilhelm II., S. 20-24.

ein. Nachdem Wilhelm II. den Manöverleiter Oberstkorpskommandant Ulrich Wille herzlich begrüsst hatte, schritt man zur Tafel mit insgesamt 36 Gedecken. Nach dem Dîner begaben sich die Herrschaften in den Rauchsalon. Um 9h trat der Kaiser mit dem Bundespräsidenten auf den Balkon vor dem Haupteingang und genoss ein Ständchen der beiden stadtzürcherischen Gesangsvereine «Männerchor» und «Harmonie». Um 10h fuhr der deutsche Monarch schliesslich, begleitet von Oberstkorpskommandant Sprecher von Bernegg, zurück in die Villa Rietberg.

Das Festbankett im Baur au Lac[27]

Direktor Keppler liess für diesen Anlass einen speziellen Tisch anfertigen, ein Rondell mit 7 Metern Durchmesser und 45 Plätzen (Kosten: 2'500 Franken).

Menü:
Hors d'oeuvres
Consommé Chancellière
Suprême de Truite Cécilia
Pièce de Boeuf Empire
Parfait Westphalienne
Coeurs de Céleris à la Zurichoise
Casserole de Faisan au Meukow Grand Champ
Salade Belle Meunière
Compote
Soufflé Figaro
Glace Maison
Panier de Friandises
Fruits

Weine:
Veuve Clicquot-Ponsardin Rosé doux
Clos de Renauds 1906
Château Mouton Rothschild 1906
G.H. Mumm Cordon Rouge 1904

Die festliche Tafel im Baur au Lac.
Schweizer Illustrierte, 21.9.1912

---

27   Neue Zürcher Zeitung, 4. September 1912, Drittes Morgenblatt; Tages Anzeiger, 4. September 1912.

4. September, 7h30
Mit dem Automobil nach Kirchberg ans Manöver[28]

Um 6h25 des zweiten Tages verliess der Kaiser Zürich Richtung Wil, begleitet von einer Delegation des Bundesrates. Wilhelm II. trug jetzt die Uniform der Garde-Maschinengewehrabteilung Nr. 2 und den Feldmarschallstab. Um 7h30 fuhr die von zwei Lokomotiven gezogene Komposition in den schlicht, aber geschmackvoll dekorierten Bahnhof von Wil ein. Schnell wurden die bereitstehenden Automobile bestiegen und die Wagenkolonne setzte sich ins Manövergebiet rund um Kirchberg in Bewegung. Nachdem der Kaiser zur Besichtigung aller Einzelheiten der Stellungen eine grössere Rundfahrt über Dietschwil, Fischingen und Gähwil unternommen hatte, erreichte er um 10h wieder die Anhöhe im Hüsligs bei Kirchberg, die noch heute «Kaiserhügel» genannt wird. Bis zum Gefechtsabbruch um 12h30 verfolgte Kaiser Wilhelm von dort alle Truppenbewegungen und Gefechte.

Automobile warten auf die deutschen Gäste vor dem festlich geschmückten Bahnhof in Wil.
Gemeindearchiv Kirchberg

Wie an allen Orten, wo der Kaiser Halt machte, wurde auch in Wil emsig geschmückt, geputzt und sogar renoviert. Der Alttoggenburger hatte seinen Lesern schon am 30. August einen Vorgeschmack dessen vermittelt, was auf die Region zukommen würde: «Der Verkehr, der sich am nächsten Mittwoch und Donnerstag abwickelt, grenzt schon ans Unmögliche. So

---
28   Zum Kaisermanöver selber siehe Kapitel 2.

werden den 4. und 5. September per Tag je 100'000 Personen gerechnet. In Wil sind bereits 35 Extrazüge angemeldet, wovon allein 6 von Stuttgart für die deutschen Kriegsveteranenvereine. Es können für die Station Wil keine Extrazüge mehr angenommen werden, sie haben eine, zwei, oder drei Stationen vor oder nach Wil zu halten… Die Zahl der Schlachtenbummler wird ins ungeheuerliche gehen und es wird sich wohl auch bewahrheiten, was dieser Tage ein hoher Militär sagte: 'Zwei Drittel dieser Schlachtenbummler kommen, um den Kaiser zu sehen und von diesen gibt es wieder zwei Drittel, die ihn nicht sehen werden.'»[29]

Gastgeber Victor Fehr mit Kaiser und Gefolge vor der Kartause Ittingen.
Kantonsbibliothek Vadiana St.Gallen

4. September, 13h45
Ein «Lunch» bei Oberst Fehr in der Kartause Ittingen

Nach dem Gefechtsabbruch in Kirchberg fuhr der Monarch um 12h30 in direkter Fahrt durch das festlich geschmückte Frauenfeld bis zur Kartause Ittingen. Der Besitzer und Gastgeber Oberst Victor Fehr begrüsste die hohen Gäste und lud nach einer Besichtigung der Sehenswürdigkeiten zu einem üppigen «Lunch» im Refektorium. Um 3h15 ging es zurück nach Frauenfeld und von dort mit dem bereitstehenden Zug nach Zürich.

Dieses Wasserklosett in der Kartause Ittingen wurde laut dem Volksmund aus Anlass des Kaiserbesuches von Oberst Fehr in Auftrag gegeben.
Museum Kartause Ittingen

---

29 Der Alttoggenburger, 30. August 1912.

4. September, 19h
Schifffahrt und Feuerwerk auf dem Zürichsee

In Zürich angelangt, begab sich der Kaiser sofort in die Villa Rietberg, wo er später in eher «privatem» Rahmen zu Abend ass. Der nächste Höhepunkt wartete bereits. Der Salondampfer «Stadt Zürich» war mit Pflanzen-, Girlanden- und Blumenschmuck in ein eigentliches «Kaiserschiff» umgewandelt worden. Perserteppiche bedeckten die Treppen und Gänge und am Hauptmast in Form eines Kreuzes angebrachte «Glühkörper» sorgten für eine angenehme Beleuchtung. Kurz nach 6h legte der Dampfer bei der Belvoirhaltestelle an, wo der Bundesrat mit einer Reihe geladener Gäste den Kaiser mit Gefolge erwartete. Beim Herannahen des Monarchen spielte die Musik des Schützenbataillons 6 «Heil dir im Siegerkranz!». Bundespräsident Forrer geleitete Wilhelm II. auf das Schiff, am Hauptmast wurde die Kaiserstandarte gehisst, und die Gesellschaft stach in See. Die Fahrt ging bis auf die Höhe von Horgen und von dort auf der rechten Seeseite wieder zurück zum Belvoir. Hier erwartete ein pompöses Feuerwerk den Kaiser und seine Gäste, welches um 8h55 mit einem «Riesenbouquet, bestehend aus 3'000 Raketen, Granaten, Koboldbatterien und Silberpolybomben», endete.[30]

Hedwig Correvon beschreibt ihre Erlebnisse als Zuschauerin in Zürich:[31]
«Wie ein schwankendes Rohr im Wind, so kamen wir uns vor. Dem Vordermann am Rücken, dem, der hinter uns stand, auf den Hühneraugen, einigemale sogar in der Luft, einfach emporgehoben, so liess unser Aufenthalt sich in Wirklichkeit an. Mein Hut verschob sich, ich wollte ihn richten. Die Hand aber wieder herunterzutun – keine Möglichkeit! Und der Kaiser kam erst in einer Stunde!... 'Hurra! Hurra!' tönts aus unserem Haufen, und noch einmal 'Hurra!' und wieder 'Hurra!' 'Ruf, sag ich zu meinem Begleiter, mit einem kräftigen Rippenstoss, denn vorher hat er erklärt, er sei mit Leib und Seele ein Schweizer.»

Mit dem Feuerwerk auf dem See endeten die Zürcher Aktivitäten. Die Erinnerung an die eindrücklichen Kaisertage hallte lange nach, aber auch die Erinnerung an eine hoffnungslos mit Besuchern und Zaungästen überfüllte Stadt. Allein nach dem Seenachtsfest am 4. September von 9 Uhr abends bis 1 Uhr nachts, also während 4 Stunden, wurden zwischen 35'000 und 40'000 Personen mit Extrazügen aus Zürich «wegtransportiert». In den Zeitungen hiess es dazu: «Am Mittwoch abend gestaltete sich die Heimkehr mit der Bahn für Tausende zu einer abenteuerreichen. Der Andrang zu den Zügen, speziell zu den letzten auf der Linie Winterthur – St.Gallen, war ein geradezu entsetzlicher. Zürich wird auch an den bewegtesten

---
30 Schaer, Kaiser Wilhelm II., S. 42-44.
31 Tages Anzeiger, 14. September 1912.

Inserat des «Optischen Instituts W. Koch» für «Manöverfeldstecher».
Tages Anzeiger, 17.8.1912

Tagen noch nie so etwas gesehen haben. Der Wucht der Massen waren die Beamten und Angestellten nicht mehr gewachsen. Perrons und Schienen wurden im Sturme genommen und überflutet und die Eisenbahnwagen noch im Laufen besetzt. Der Einzelwille trat völlig zurück. Diejenigen, die nicht beizeiten sich beim Perron postiert hatten, wurden einfach in irgend einer Richtung vorwärts geschoben. Die Züge belegte man, ohne sich erkundigt zu haben, ob sie die richtigen seien. Erst um Mitternacht trat etwas Ruhe in die Massen.»[32]

Die Kosten des Kaiserbesuchs beliefen sich für die Stadt Zürich ohne die Aufwendungen für die Sicherheitspolizei auf insgesamt 11'011.50 Franken. Neben 3'500 Franken für das Feuerwerk, 632 Franken für die Gestaltung des Schiffes und 612 Franken für Drucksachen, wurden 6'267.50 Franken für die Strassendekoration aufgewendet.[33]

5. September, 09h
Manöverabbruch mit Manöverfrühstück[34]

Bereits in den frühen Morgenstunden des 5. September begab sich der deutsche Kaiser erneut ins Manövergebiet. Die militärischen Aktivitäten hatten sich mittlerweile in das Gebiet «Hofberg» bei Wil verlagert. Wilhelm II. und sein Gefolge wurden – trotz des inzwischen

Die obere Bahnhofstrasse in Wil im festlichen Kleid.
Stadtarchiv Wil

---

32 Berner Intelligenzblatt, 6. September 1912, Erstes Blatt; Neue Zürcher Zeitung, 5. September 1912, Erstes Abendblatt.
33 Protokoll Stadtrat Zürich, 1912/Nr. 1554
34 Zum Kaiserbesuch in Wil siehe vor allem: Warth, Kaiser Wilhelm II. in Wil.

Der Aufgang in die Wiler Altstadt mit dem speziell errichteten Torbogen.
Stadtarchiv Wil

schlechten Wetters – bei der Einfahrt in den aufwändig geschmückten Bahnhof von einer grossen Zuschauermenge empfangen. Vom Bahnhof ging die Fahrt über die Bahnhofstrasse, die obere Bahnhofstrasse und durch die Altstadt auf den Hofberg. Die Wiler hatten keinen Aufwand gescheut, um ihre Stadt herauszuputzen: Frisches Tannengrün, Lorbeergirlanden und Fahnenmasten leiteten in die obere Bahnhofstrasse, wo von Frauen und Töchtern in Fronarbeit eine spezielle Fahnenallee mit Tanngirlanden errichtet worden war. Vor dem Hofplatz überspannte ein eilig erstellter Torbogen mit Schildwachhäuschen und Sturmlaternen die Gasse.[35]

Auf dem Hofberg hatte sich auch eine Delegation des Regierungsrates eingefunden, um den Kaiser zu begrüssen. Die St.Galler Exekutive wurde durch Landammann Heinrich Scherrer und Regierungsrat Johann Baptist Schubiger vertreten. Wie in Basel wollte es der Zufall, dass auch im Kanton St.Gallen ausgerechnet im Jahr des Kaiserbesuches ein Sozialdemokrat an der Spitze der Regierung stand. Die St.Galler «Volksstimme» tat sich schwer

Die Wiler «Töchter» in den verschiedenen Kantonstrachten.
Stadtarchiv Wil

---

35 Protokoll Stadtrat Wil, 4. Oktober 1912: Die direkt von der Stadt getragenen Dekorationskosten beliefen sich letztendlich auf 1262.95 Franken.

damit: «Der deutsche Kaiser wird einen ganz merkwürdigen Respekt vor unsern Republikanern bekommen, dass sie aus Mangel an eigenem Holz überall Sozialdemokraten zu seinem Empfang zu Hilfe nehmen müssen...Armer herrschender Freisinn! ...Was wird aus dir noch werden!»[36] Immerhin drohte man Heinrich Scherrer nicht mit Konsequenzen, sondern akzeptierte, dass dieser als Landammann seiner Repräsentationspflicht nachkommen musste. «Der Alttoggenburger» kommentierte nicht ohne Häme: «'Die Tagwacht' mag uns so grob sein wie sie will, und die 'Volksstimme' mag vor Aerger gelb werden, das hilft nichts.»[37]

Der Abschluss der militärischen Übungen wurde mit einem «Manöver-Frühstück» auf dem Ölberg in Wil zelebriert. Kaiser Wilhelm II. und Bundespräsident Forrer empfingen sämtliche ausländischen Offiziere und eine Reihe weiterer Gäste zu einem opulenten und vom Bundesrat «angeordneten» Lunch. Für die dreissig wichtigsten Persönlichkeiten war ein Pavillonzelt errichtet worden – der Tisch geschmückt mit Fruchtschalen, Kornblumen und Erika. Weitere 150 Personen verteilten sich auf zwei «Offiziersbuffets». Speziell für den Anlass ausgewählte und eingeübte Wiler «Töchter» trugen die Speisen und Getränke in den Trachten der Kantone auf. Für die Zusammenstellung des «Lunch» und der Arrangements waren Fritz Walder und Sieber-Weber aus St.Gallen mit zahlreichen Hilfskräften verantwortlich. Die Arbeiten am gelungenen Werk dauerten mehrere Tage.

> Aus der «Skizze von einem Schlachtenbummler»
> «...Wer deckt so elegant und fein den Tisch im Kaiserzelt? Wer giesst dort sprudelnden Neuenburger, wer kredenzt den Burgstaller, wer handhabt dort in weissem Tüchlein so geschickt der Champagne edle Gabe? Gestalten, feenhafte Zauberbilder huschen beim Träumer vorbei. Ist das nicht die Schwyzer-, jenes die Unterwaldnertracht, nicht St.Gallens, nicht des Thurgaus Farben? Wie stolz sind sie, die Kaiserdamen. Das Aargauer Marili läuft um die Wette mit dem Schwyzer Anneli, das Thurgauer Seppeli mit dem St.Galler Bertheli...»[38]

Der morgendliche Empfang auf dem Ölberg dauerte rund eineinhalb Stunden. Genau um 10h54 verliess der kaiserliche Zug unter den Hochrufen der Schlachtenbummler die Station Wil wieder Richtung Zürich.

---

36 Volksstimme, 16. August 1912.
37 Der Alttoggenburger, 20. August 1912.
38 Wiler Bote, 17. September 1912.

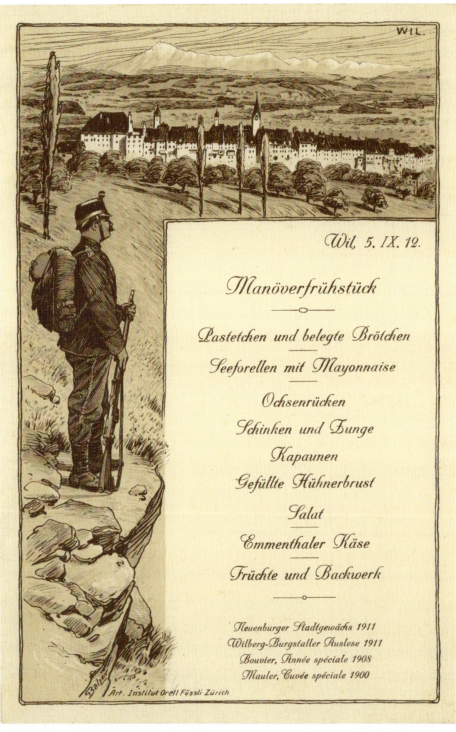

Menükarte zum «Manöverfrühstück» auf dem Hofberg.
Stadtarchiv Wil

Tischordnung beim «Manöverfrühstück».
Stadtarchiv Wil

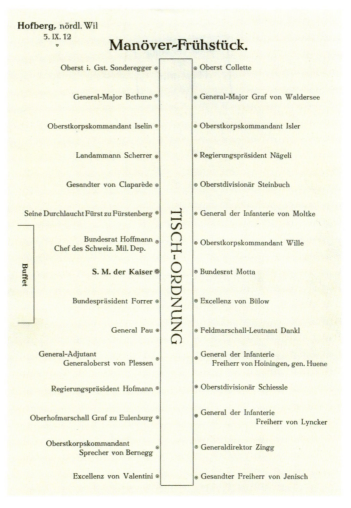

Die geladenen Gäste versammeln sich vor dem Zelt zum «Manöverfrühstück». *Stadtarchiv Wil*

5. September, 18h
Ein deutscher Abend in der Villa Rietberg

Punkt 12 Uhr mittags fuhr der Sonderzug des Kaisers im Hauptbahnhof Zürich ein. Wilhelm II. zog sich anschliessend in die Villa Rietberg zurück und genoss die Ruhe im Haus seiner Gastgeberin. Um 18 Uhr empfing der deutsche Monarch eine «Deputation des Deutschen Ausschusses», bestehend aus 26 Herren. Diese Repräsentanten von Körperschaften, in welchen sich in der Schweiz ansässige deutsche Staatsbürger organisierten, wurden dem Kaiser gruppenweise nach den einzelnen Vereinen vorgestellt. Nach der Audienz fand ein Abendessen im engsten Kreis und ohne offiziellen Charakter statt. Allerdings liess es sich der «deutsche Männergesangsverein» nicht nehmen, im Garten der Villa einige Lieder als nationalen Gruss an seinen obersten Landesherrn erklingen zu lassen.

6. September, 14h30
Empfang im Bundeshaus

Erst am vierten, also am letzten Tag seiner Schweizerreise, beehrte Wilhelm II. auch die Bundeshauptstadt Bern mit seinem Besuch. Vor der Abreise nach Bern allerdings galt sein Interesse dem Schweizerischen Landesmuseum. Der Kaiser traf um halb elf ein und wurde beim Portal des Museums von Stadtpräsident Billeter, dem Präsidenten der Museumskommission, Vischer-Sarasin, und dem Direktor des Landesmuseums, Dr. Lehmann, herzlich begrüsst. Schwerpunkt des Rundgangs unter der persönlichen Führung des Direktors waren die historischen Zimmer, Objekte von historischer Bedeutung und die Waffensammlung. Der deutsche Monarch bewegte sich anschliessend zu Fuss, begleitet vom Stadtpräsidenten und dem Gefolge, Richtung Bahnhof – wie nicht anders zu erwarten, unter dem Hochruf von Tausenden von Zaungästen. Am Bahnhof verabschiedete sich Wilhelm II. von der Zürcher Regierungsdelegation und besonders anerkennend von Major Ulrich Wille junior, dem Kommandanten des Schützenbataillons 6, welches ihm während des Aufenthaltes in Zürich den «Ehrendienst» erwiesen hatte. Dann dampfte der Hofzug Richtung Bern.

Der Kaiser und der Bundespräsident fahren im offenen Landauer durch die Stadt Bern.
Stadtarchiv Wil

Der Zeichner «R. Lehmann» macht sich lustig über die vielen Fotografen, die den deutschen Gast bestürmen.
Schweizer Illustrierte, 21.9.1912

Bei der Ankunft um halb drei im Bahnhof Bern begrüssten nicht nur eine reich geschmückte Bundeshauptstadt, sondern wiederum Zehntausende von begeisterten Menschen den Kaiser. Der Bundesrat empfing Wilhelm II. im Audienzsaal des Bundeshauses mit anschliessender Besichtigung des National- und Ständeratssaals. Anschliessend ging es hinunter auf den Münsterplatz, wo die drei Pfarrer der Hauptkirche auf den Monarchen warteten. Im Münster hatte sich bereits eine Genfer Delegation eingefunden. Der Anlass war eine Spende des deutschen Monarchen für das geplante Reformationsdenkmal in der Stadt Calvins. Nach der Besichtigung des Münsters und einem Orgelkonzert des Organisten Handschin folgte ein kurzer Abstecher zum Bärengraben, und von dort fuhr die Kolonne weiter zur Deutschen Gesandtschaft. Hier hatten sich der deutsche Gesandte von Bülow mit Familie, der deutsche Konsul von Jenner, weitere deutsche Diplomaten mit ihren Gemahlinnen und die Spitzen der deutschen «Kolonie» in der Schweiz eingefunden, um ihren Kaiser zu begrüssen. Im Garten der Gesandtschaft marschierten die deutschen Kriegervereine mit Fahnen und Musik auf. «Der Kaiser begrüsste sie mit einem 'Guten Morgen Kameraden' und schritt ihre Front ab... Nachdem die Krieger ein dreifaches Hurra ausgebracht hatten, führten sie vor dem Kaiser einen Paradmarsch aus.»[39] Während des anschliessenden «Tees» in den Räumen der Botschaft konzertierte die Berner Stadtmusik, unter anderem mit der Ouvertüre zum «Freischütz» und einer Selektion aus der Oper «Wilhelm Tell».

> «Aufruf an die Bewohner der Bundesstadt
> ... In denjenigen Strassen, wo das Tram durchfährt, soll insbesondere Blumenschmuck zur Anwendung kommen und die Fenstergeländer auf der Innenseite mit farbigen Tüchern ausgeschlagen werden. Für die übrigen Strassen sind Girlanden, Fahnen und Flaggen vorgesehen, wobei ausser kantonalen und eidgenössischen Fahnen an ausländischen nur deutsche zur Anwendung kommen sollen. Abends sollen die Häuser vom Bernerhof bis zum Bahnhof mit Leuchtgläsern erhellt werden. Um die Bundesstadt im hübschen Festschmucke erscheinen zu lassen, bedürfen wir der tatkräftigen Mithilfe der gesamten Einwohner der Stadt Bern. Wir richten daher an sie die Bitte, ihre Häuser auf den 6. September angemessen zu dekorieren, indem die Dekorationen möglichst so angebracht werden sollen, dass die Schönheit der Fassaden und Bauwerke selbst nicht beeinträchtigt wird. Die Leistvorstände, sowie der Verschönerungsverein, die Gärtner, Tapezierer und Dekorationsgeschäfte der Stadt Bern erklären sich gerne bereit, über die spezielle Ausführung der Dekorationen nähern Aufschluss zu erteilen. Der Zentralvorstand der vereinigten Quartier- und Gassenleiste der Stadt Bern.»[40]

---

39 Schaer, Kaiser Wilhelm II., S. 58.
40 Berner Intelligenzblatt, 4. September 1912, Zweites Blatt.

Wie überall war auch in Bern der Dekorationsaufwand enorm und wurde in der Presse eingehend kommentiert, gelobt oder kritisiert. Zur Dekoration des Bundeshauses hiess es am 31. August im «Berner Intelligenzblatt»: «Erst hat man die beiden Geschichtsschreiber, die zu beiden Seiten des Haupteinganges des Bundeshauses sitzen, mit Speckschwarte eingerieben, so dass sie wieder funkelnagelneu aussehen, als ob sie eben aus der Gussform kämen, und hatten doch schon eine leichte, lebenspendende Patina angesetzt! Und nun wird der Treppenaufstieg im alten Bundeshaus, der ja gewiss kein Prunkstück, aber ein ehrlicher schlichter Hausaufgang ist, mit – persischen Teppichen verhängt. Von hohen Tannenlatten herab baumeln die exotischen Dinger, und niemand weiss recht, was die da sollen… Da sollte unbedingt irgend jemand noch ein Machtwort sprechen!»[41] Dieses gewünschte Machtwort wurde gesprochen. Jedenfalls meldete das St.Galler Tagblatt am 5. September: «Die armen Perser machten denn auch die denkbar unglücklichste Figur und erweckten einmütigen Aerger, dergestalt, dass der Bundesrat ihre schleunige Wegräumung befahl.»[42]

Der Bundespräsident und der Kaiser haben die Kopfbedeckungen getauscht!
Nebelspalter 31.8.1912

---

41 Berner Intelligenzblatt, 31. August 1912, Abend-Ausgabe.
42 St.Galler Tagblatt, 5. September 1912.

6. September, 19h
Dîner im Bernerhof

Um sechs Uhr abends am 6. September empfing der Kaiser im «Bernerhof» die in der Bundeshauptstadt akkreditierten Missionschefs. Während die geladenen Gäste in den Salons des Hotels «Cercle» hielten, richtete sich die 109 Mann starke «Genfer Landwehrmusik» unter dem Glasdach vor dem Haupteingang ein. Unter den Klängen eines feierlichen Marsches schritten der Kaiser und seine Gäste gegen sieben Uhr zum «Dîner». Die insgesamt 84 Gedecke aus Porzellan und Silber waren von auserlesener Pracht. Die rechteckige Riesentafel im Speisesaal des Bernerhofes war mit Rosen und Nelken in weiss und rosa geschmückt, Blumenkörbe wechselten mit Frucht- und anderen Schalen ab und grosse Orchideen in mächtigen Vasen zierten den Tisch. Dazwischen funkelten von den Zünften der Stadt Bern zur Verfügung gestellte Silber- und Goldschmiedearbeiten. Das vom Bundesrat offerierte Festmahl bestand aus erlesenen Speisen: «Cantaloup frappé au Biscuit Dubouché»; «Consommé Juanita»; «Darnes de Saumon Chambord»; «Selle d'Agneau à la Châtelaine»; «Suprêmes de Poularde rosés Lamberty»; «Punch glacé au Marasquin»; «Jeunes Perdreaux, escortés de Cailles de Vigne»; «Compôte panachée, Salades Demidoff»; «Nids d'Artichauts Forestière»; «Bombe favorite»; «Milles feuilles Petit Duc»; «Paillettes au Gruyère»; «Jardinières de Fruits» und «Friandises».[43]

Kurz nach 21 Uhr wurde die Tafel aufgehoben. Die Gesellschaft begab sich wieder in den Empfangssalon, wo zwölf in weiss gekleidete junge Damen die Gäste begrüssten. Die jüngste Tochter des Bundespräsidenten überreichte Wilhelm II. ein prächtiges Bouquet, Bundesrat Hoffmann erhielt von einer deutschen Dame einen Blumenstrauss. Anschliessend folgte eine lockere Konversation bei schwarzem Kaffee.

Bundespräsident, Kaiser und Gefolge zu Fuss in Bern. *Bibliothek am Guisanplatz Bern*

---

43 Schaer, Kaiser Wilhelm II., S. 59.

6. September, 21h30
Der Hofzug verlässt Bern

Kurz vor halb zehn Uhr fuhr Kaiser Wilhelm II. mit seinem Gefolge, begleitet vom gesamten Bundesrat und unter den Hochrufen von Tausenden von Schaulustigen zum Bahnhof. Er verabschiedete sich herzlich vom Bundesrat und insbesondere vom Bundespräsidenten Ludwig Forrer. Der Hofzug passierte Zürich auf seiner Durchfahrt nach Schaffhausen um ein Uhr nachts, fuhr von dort am 7. September um 7h50 weiter und überquerte die Schweizergrenze bei Thayngen schliesslich Punkt 8h07.

Beim Verlassen des schweizerischen Bodens richtete der Kaiser folgendes Telegramm an den Bundespräsidenten:[44]

«Herrn Bundespräsident Forrer, Bern. Im Begriffe, das schöne Schweizerland zu verlassen, ist es mir ein Bedürfnis, Ihnen, Herr Bundespräsident, noch von der Grenze aus meinen herzlichsten Dank zu senden für die warme Aufnahme, die mir in so reichem Masse seitens der Behörden des Landes und durch die Bevölkerung überall bereitet worden ist. War es mir zu meinem grossen Bedauern auch nicht möglich, das ursprüngliche Reiseprogramm in seinem vollen Umfange durchzuführen, so haben die wenigen Tage meines Aufenthaltes mir doch viel Neues und Schönes gezeigt, und mit einer Fülle anregender Eindrücke kehre ich jetzt in die Heimat zurück. Besonders dankbar gedenke ich der beiden Manövertage, an denen es mir vergönnt war, die Leistungen Ihrer braven Truppen unter der Leitung tüchtiger und schneidiger Offiziere zu beobachten und zu bewundern und mit der Landbevölkerung in Berührung zu treten. Ich verlasse den Boden dieses gastfreien Landes mit aufrichtigen Wünschen für dessen ferneres Gedeihen und für Ihr persönliches Wohlergehen.»

Der Bundesrat antwortet mit folgender Depesche:[45]

«An seine Majestät den Deutschen Kaiser, Mainau bei Konstanz. Eurer kaiserlichen Majestät sprechen wir für Ihr so freundliches Telegramm tiefgefühlten Dank aus. Es gereicht uns zur besondern Genugtuung, dass die Leistungen unserer Offiziere und Truppen von Seiten Eurer Majestät eine so wohlwollende Anerkennung finden. Unser Milizheer darf auf das günstige Urteil von so hoher und kompetenter Stelle stolz sein. In uns klingt die Freude über Eurer Majestät Besuch mächtig nach. Es wird uns und dem ganzen Schweizervolk unvergesslich sein. Wir senden Eurer Majestät unsere aufrichtigsten und wärmsten Wünsche für Ihr Wohlergehen.»

---

44 Berner Intelligenzblatt, 6. September 1912, Erstes Blatt.
45 Ebenda.

Wilhelm II. – der erste Medienstar?

Kaiser Wilhelm II. und seine Schweizer Reise haben die Zeitungen während Wochen geprägt. Nicht nur in Form von redaktionellen Beiträgen über einzelne Stationen und Ereignisse, sondern auch im Inserateteil. Kaum ein grosses Geschäft, das nicht versuchte, seine Produkte in den Zusammenhang mit dem Kaiserbesuch zu bringen und damit den Umsatz zu steigern. Die St.Galler Volksstimme beklagte sich am 31. August:[46] «…Die Luft ist nun einmal monarchistisch geschwängert bei uns, sie lässt weder in eidgenössischen noch in kantonalen Regierungsregionen gesunde Gedanken aufkommen, so dass es wohl das Allergescheiteste ist, wenn sich der rote Toni über die Landesgrenze «drückt», bis das Kaiserfieber nachgelassen und die Herrschaften ihrer fünf Sinne wieder einigermassen normaler Weise mächtig sind.» Und am 4. September:[47] «…Wochenlang ist im bürgerlichen Blätterwald die Bevölkerung für den Kaiserbesuch begeistert worden. Die gesamte kaisertreue Presse ist beinahe übergeschnappt… Wenn es die Woche durch so weiter geht, werden selbst noch seine weggeworfenen Zigarrenstummel mit allen Ehren umgeben…»

Inserat für «Schuhwerk» zum Manöver.
Tages Anzeiger, 21.8.1912

«Der Kaiser war in Wil und Guggenheim in Berlin».
Der Alttoggenburger, 11.10.1912

---

46 Volksstimme, 31. August 1912.
47 Volksstimme, 4. September 1912.

Der «Kaiserbesuch» wurde noch auf andere Art medial verwertet. Die Zahl der verkauften Postkarten ging in die Zehntausende. Einerseits wurden viele davon bereits vor dem Kaiserbesuch abgesetzt, andererseits wurden während des Besuchs laufend neue Serien produziert und an den Mann respektive die Frau gebracht. Die grossen Verlagshäuser und Verleger brachten spezielle Zeitschriften oder Sonderbeilagen heraus, meistens reich bebildert und auf Hochglanzpapier gedruckt. Es war 1912 auch schon möglich, Ereignisse in Form von bewegten Bildern festzuhalten. An allen Stationen der Schweizerreise des deutschen Kaisers wurde fleissig gefilmt und erste Sequenzen konnten vom interessierten Publikum bereits vor seiner Abreise in Sälen und improvisierten Vorführräumen bewundert werden. Der älteste Film im Bestand des 1939 gegründeten Schweizerischen Armeefilmdienstes ist ein Film über den Kaiserbesuch von 1912!

Werbung für den «Kaiserfilm» der «Lichtbühne Magnihalde» in St.Gallen (heute Kino Storchen).
Die Ostschweiz, 16.9.1912 Morgenblatt

Martin Kohlrausch hat 2011 das Verhältnis Kaiser Wilhelm II. zu den Medien untersucht und stellte fest, dass der deutsche Monarch mindestens bis zu seiner Abdankung «eine ununterbrochene Show» lieferte: «Kaisermanöver», «Kaisertage», «Kaiserreden», «Kaiserdenkmale» und vor allem «Kaiserreisen». Um dem Publikum die neue moderne Mobilität zu demonstrieren, bediente sich Wilhelm II. seines Hofzugs, des speziell erbauten, hochmodernen Dampfschiffes «Hohenzollern» und vor allem der Automobile und war bald die Hälfte des Jahres unterwegs. Voraussetzung für die breite «Vermarktung» des Kaisers war der technologische Durchbruch bei den Medien. Aus den Medien waren Massenmedien geworden. Es wurde nach 1900 nicht nur möglich, Fotografien und Postkarten als «Massenware» zu produzieren, auch die Zeitungen und Zeitschriften waren in der Lage, Abbildungen in guter Qualität zu drucken. Wilhelm II. standen mehr als 20 offizielle Hoffotografen zur Verfügung, welche die Aufnahmen nach den Angaben des Monarchen bewusst inszenierten. Darüber hinaus galt der deutsche Kaiser als die meistgefilmte Persönlichkeit der Welt.

Kaiser Wilhelm II. verteilte während seiner Schweizer Reise grosszügig Geschenke, was wohl direkt oder indirekt auch mit seiner ausgeprägten Vorliebe zur Inszenierung und Selbstdarstellung zusammenhing.[48] Den Armen der Städte Zürich und Bern spendete der Monarch je 5'000 Franken[49], der Schweizerische Bundesrat erhielt eine wertvolle, zwei Meter grosse Standuhr aus Porzellan auf einem mit Bronzeverzierungen versehenen und mit Blumenmotiven bemalten Granitsockel. Dem Bundespräsidenten liess der Kaiser seine Büste in Bronze auf marmornem Sockel überbringen. Frau Rieter-Bodmer erhielt ein persönlich signiertes und gerahmtes Bild mit dem Portrait Wilhelm II., Major Wille eine wertvolle Uhr mit seinem Bild in Email. Der Kommandant der Ehrenkompanie wurde mit einer Medaille mit dem Bildnis des Kaisers beschenkt, und die Leutnants und Wachkommandanten erhielten goldene «Busennadeln mit seinen Initialen und mit Brillanten besetzt» überreicht. Ausserdem benützte Wilhelm II. die Reise, um in der Schweiz tätigen deutschen Beamten oder ansässigen deutschen Staatsbürgern Dutzende von Orden zu verleihen. Diese reichten von der «königlichen Krone zum Roten Adler-Orden erster Klasse mit Eichenlaub» bis zur einfachen «Kronenmedaille».

Die Standuhr von Wilhelm II. befindet sich noch heute im Bundeshaus. *Bundeskanzlei Bern*

---

48 Zu den Geschenken siehe: Schaer, Kaiser Wilhelm II., S. 73-78.
49 Die Ostschweiz, 10. September 1912, Morgenblatt.

In den Schweizer Medien brach im Anschluss an den Kaiserbesuch eine zum Teil heftig geführte Diskussion über die Rechtmässigkeit dieser Geschenke aus. Artikel 12 der Bundesverfassung verbot ausdrücklich die Annahme von solchen Orden und Geschenken, mindestens für Personen im Staatsdienst. Das «Berner Tagblatt» sah den Fehler beim Bundesrat, welcher es unterlassen hatte, schon vor dem Besuch dafür zu sorgen, dass keine solchen Geschenke gemacht würden. Ein Geschenk abzulehnen, wäre nämlich eine Beleidigung des Kaisers gewesen. Die Ostschweiz meinte lakonisch dazu, dass die «republikanische Demokratie» wegen der «paar kaiserlichen Bilder und Büsten und wegen dem Dutzend Krawattennadeln … nicht aus den Fugen gerate».[50]

Das Haus Hohenzollern

Das Adelsgeschlecht der Hohenzollern ist eine der wichtigsten Dynastien Deutschlands. Die Burg Hohenzollern als Stammsitz des Geschlechts liegt bei Hechingen im heutigen Baden-Württemberg. Die älteste bekannte Erwähnung geht ins Jahr 1061 zurück und betrifft Burkhard I., den damaligen Grafen von Zollern.

Die Dynastie der Hohenzollern untergliedert sich in mehrere Haupt und Nebenlinien: die schwäbischen, die fränkischen, die brandenburgisch-preussischen und die rumänischen Hohenzollern. Die Linie Brandenburg-Preussen stellte von 1701 bis 1918 die preussischen Könige, welche seit 1871 gleichzeitig die Deutschen Kaiser waren. Aus der rumänischen Linie stammten sämtliche rumänischen Könige von 1866 bis 1947.

Kaiser-Manöver-Karten

S. M. bei den Manövern der 5. und 6. Division

In Bromsilber

Zu beziehen bei 8181

E. SYNNBERG & R. v. PFYFFER, Luzern

Photographie und Kunstverlag.

Ein Kunstverlag aus Luzern wirbt für Kaiser- und Manöver-Karten.
Die Ostschweiz. 6.9.1912 Abendblatt

---

50   Die Ostschweiz, 18. September 1912, Abendblatt.

Die Regierungsjahre der brandenburgisch-preussischen Linie:

Friedrich I.	1701-1713	erster König in Preussen, genannt «Der schiefe Fritz»
Friedrich Wilhelm I.	1713-1740	König in Preussen, genannt «Soldatenkönig»
Friedrich II. der Grosse	1740-1786	König in Preussen, ab 1772 erster König von Preussen, genannt «Der alte Fritz»
Friedrich Wilhelm II.	1786-1797	König von Preussen, genannt «Der dicke Lüderjahr» oder «Der dicke Wilhelm»
Friedrich Wilhelm III.	1797-1840	König von Preussen, genannt «Der Biedermann auf dem Thron»
Friedrich Wilhelm IV.	1840-1861	König von Preussen, genannt «Der Romantiker auf dem Thron»
Wilhelm I.	1861-1888	König von Preussen, ab 1871 Deutscher Kaiser
Friedrich III.	1888	König von Preussen und Deutscher Kaiser, genannt «Friedrich der Brite» oder «Unser Fritz»
Wilhelm II.	1888-1918	König von Preussen und Deutscher Kaiser, genannt «Der Reisekaiser»

Das deutsche Kaiserpaar als «Ausschneidepuppen» für die Kinder.
Historisches Museum Basel

Der deutsche Kaiser Wilhelm II.

Wilhelm II., mit vollem Namen Friedrich Wilhelm Viktor Albert von Preussen, wurde am 27. Januar 1859 in Berlin geboren. Er war der älteste Sohn des damaligen Kronprinzen Friedrich Wilhelm von Preussen und dessen Frau Viktoria (1840-1901). Er war Enkel von Kaiser Wilhelm I. (1797-1888) und der britischen Königin Viktoria (1819-1901), als angeheirateter Cousin 1. Grades aber auch mit Zar Nikolaus II. von Russland verschwägert.

Wilhelm kam als Steissgeburt zur Welt und überlebte nur dank dem engagierten Eingreifen einer Hebamme, welche das leblose Baby entgegen dem «Protokoll» mit einem nassen Handtuch schlug. Als Folge dieser Geburt erlitt Wilhelm eine linksseitige Armplexus-Lähmung, was zur Folge hatte, dass dieser Arm in der Entwicklung zurückblieb. Wilhelm konnte den deutlich kürzeren Arm auch zeitlebens nur beschränkt bewegen.

Bereits mit 10 Jahren trat er beim «1. Garde-Regiment zu Fuss» formell als Leutnant in die preussische Armee ein. In den folgenden Jahren wurde er konsequent zum Monarchen erzogen und sollte möglichst viele Erfahrungen sammeln. Er durchlief eine militärische Karriere in verschiedenen Regimentern und studierte auch vier Semester an der Universität Bonn.

1881 heiratete Wilhelm Prinzessin Auguste Viktoria von Schleswig-Holstein-Sonderburg-Augustenburg (1858-1921), die sieben Kindern das Leben schenkte. Nach ihrem Tod vermählte er sich ein zweites Mal mit Prinzessin Hermine von Schönaich-Carolath (1887-1947).

Nach dem Tod von Wilhelm I. am 9. März 1888 wurde der Vater Wilhelms als Friedrich III. König von Preussen und Kaiser von Deutschland. Friedrich, todkrank aufgrund eines fortgeschrittenen Kehlkopfkrebses, starb nach nur 99 Regierungstagen bereits am 15. Juni. Damit wurde der 29-jährige Wilhelm als Wilhelm II. König von Preussen und Deutscher Kaiser. Zwei Jahre nach seiner Thronbesteigung beendete er mit der Entlassung des «eisernen Kanzlers» die fast zwanzigjährige Ära Bismarck und nahm die Regierungsgeschäfte selbst an die Hand.

Person und Politik Wilhelms II. sind bis heute umstritten geblieben. Bis zuletzt überzeugt vom Gotteskönigtum, mischen sich bei ihm Bestrebungen nach sozialer Gerechtigkeit mit einer fast fanatischen Vorliebe für alles Militärische, ernsthafte Bestrebungen für eine Modernisierung der deutschen Gesellschaft mit einer ausgeprägten Sucht nach Selbstdarstellung. Nach dem Ausbruch des 1. Weltkriegs verlor Wilhelm II. zunehmend an Einfluss und Macht und musste – bereits im Exil – am 28. November 1918 offiziell abdanken. Den Rest seines Lebens verbrachte er im Schloss Doorn bei Utrecht. Seine Hoffnung, dass die Nationalsozialisten die Monarchie wieder einführen würden, erfüllte sich nicht. Am 4. Juni 1941 starb er im Alter von zweiundachtzig Jahren. «Unnahbar und doch leutselig, fürsorglich, aber in schimmernder Wehr wollte der Kaiser für alle Vorbild spielen – ohne zu merken, dass sein Selbstbild aus Preussengloria und Gottesgnadentum von Anfang an eine Karikatur war.»   (Johannes Saltzwedel)

Das Manöver

Mit diesem Automobil bewegte sich Kaiser Wilhelm II. im Manövergebiet. *Kantonsbibliothek Vadiana St.Gallen*

Der deutsche Kaiser traf am Morgen des 4. Septembers auf dem Gefechtsfeld in Kirchberg ein. Er verfolgte auch den Abbruch der Übung am 5. September um 09.15 Uhr in Wil. Wilhelm II. inspizierte Schützengräben, unterhielt sich mit Soldaten und Offizieren und präsentierte sich der Bevölkerung rund um Kirchberg in einem Automobil. Am Manöver nahmen 1'309 Offiziere, 22'645 Unteroffiziere und Soldaten und 5'755 Pferde der Zürcher und Ostschweizer Division 5 und 6 teil.[1] Die Zahl der Zuschauer wurde von Zeitgenossen auf gegen 100'000 geschätzt. Neben Wilhelm II. und seinem Hofstab verfolgten auch Dutzende von ausländischen Offizieren aus der ganzen Welt die Manöver der Schweizer Armee: die einen als offizielle Beobachter, die anderen als Privatpersonen im Publikum.

Die Vorbereitungen

Sämtliche Truppen des III. Armeekorps mussten zwischen dem 23. und 26. August 1912 einrücken. Der anschliessende Vorkurs dauerte bis zum 1. September. Oberstdivisionär Schiessle formulierte die Ziele des Vorkurses folgendermassen: «Durch den Unterricht während des Vorkurses ist die Ausbildung der Truppe derart zu fördern, dass sie ... durch die sorgfältige Behandlung und Verwendung des lebenden und toten Materials, durch gewissenhafte Pflichterfüllung und das Bestreben, das Beste zu leisten, durch rasche und gewandte

---

1 Meyer, Bericht über die Manöver, S. 302.

Die offizielle Manöverkarte, vielfach abgebildet und gedruckt. *Wiler Bote, 27.8.1912*

Ausführung der Befehle, durch überlegte Ausnützung des Geländes, durch ihr Auftreten in allen Lagen den Beweis leistet, dass sie innern Halt, Manneszucht besitzt… Bei den Führern ist besonders auf Entschlussfreudigkeit und Entschlussfestigkeit hinzuwirken… Durch die Übungen sind die Marschleistungen der Truppe derart zu steigern, dass sie während der Manöver auch hohen Anforderungen genügen können».[2]

2   St.Galler Tagblatt, 15. August 1912, Morgenblatt.

Schweizerische Bundesbahnen Kreis IV.

Militär-Extrazug.

Anläßlich der Besammlung der Bataillone 79 und 80 verkehrt am 26. August ein Extrazug:

Ebnat	ab	7.35	vorm.
Wattwil	„	7.44	„
Lichtensteig	„	7.50	„
Dietfurt	„	7.55	„
Bütschwil	„	8.03	„
Lütisburg	„	8.08	„
Bazenhaid	„	8.14	„
Wil	an	8.25	„

Die Mannschaft ist eingeladen, diesen Extrazug zu benützen; auf Beförderung mit fahrplanmäßigen Zügen kann nicht gerechnet werden.

St. Gallen, den 21. August 1912.

(zg 2196) **Die Kreisdirektion IV.**

Während der Mobilisierung wurden Dutzende von Extrazügen eingesetzt.
Der Alttoggenburger, 23.8.1912

Bericht des Sonderkorrespondenten vom Einrückungstag in Wil[3]

«Einrückungstag! Trommelschlag und Pferdegetrab in den sonst so friedlich stillen Strassen des alten Städtchens, ein Zuströmen und Einhermarschieren waffenfroher Jungmannschaft von allen Seiten her... Welch kriegerisches Getümmel!... Adjutanten und Ärzte, Offiziersburschen und Trainsoldaten kreuzen den von Buben und Mädchen und bedächtigen Bürgern umsäumten Platz: der Bagagetrain der Artillerie rollt vorbei, und durch alles flutet die Masse der vom Bahnhof heranrückenden Infanterie. Wie öffnen da 'Freihof' und 'Schwanen' weit ihre Tore! Einen Tropfen in Ehren kann niemand verwehren, und das Sodatenvolk rekrutiert sich zum kleinsten Teil aus Abstinenzvereinen... Die Ruhe und Sicherheit, mit der da gearbeitet wird, die ganze Art des Auftretens verraten jeden einzelnen durchdringende Mannszucht und verhaltene Kraft. Eine prächtige Mannschaft mit überraschend schönem Pferdebestand! ... Neun Uhr abends. Der Mobilisierungstag ist zu Ende. Die am Morgen von allen Seiten in die alte Äbtestadt eingerückt, singen abends schon in froher Runde: Morgen muss ich fort von hier. Die beiden Bataillonsspiele lassen auf dem Hofplatz ihre schönsten Weisen ertönen und schmettern dann den Zapfenstreich durch die engen Gassen, dass die Buben jauchzen und hinter blumenversteckten Gardinen die Bürgertöchterlein winken. Appell und die müden Glieder ins Stroh gelegt! Immer leiser tönt aus dem Kantonnement das letzte, alte Soldatenlied: Zur Ruhe, Kameraden, Zur Ruh...»

---

3 St.Galler Tagblatt, 28. August 1912, Abendausgabe.

Kaiser Wilhelm II. in einer seiner Lieblingsposen.
Kantonsbibliothek Vadiana St.Gallen

Im Zusammenhang mit den Herbstmanövern des III. Armeekorps wurden bei den Truppen zwei Neuerungen eingeführt. Die eine betraf die Verpflegung. Zum ersten Mal kamen auch bei der Infanterie fahrbare Feldküchen zum Einsatz. Es war nun möglich, die Truppen jederzeit und praktisch überall direkt im Feld zu verpflegen. Dies wurde auch von den Soldaten lobend zur Kenntnis genommen. In einem Soldatenbrief vom 7. September aus Sirnach heisst es, dass «...entgegen früheren Jahren, die Verpflegung stets rechtzeitig eintraf, was auf die flotten fahrbaren Küchen zurückzuführen ist, und einen grossen Fortschritt bedeutet.»[4] Die zweite Neuerung betraf die Mobilität der Infanteriekommandanten. Alle Offiziere bis hinunter zum Kompaniekommandanten wurden mit Pferden «ausgestattet». Dies brachte enormen Zeitgewinn, stellte aber die Offiziersordonnanzen, welche zu Fuss unterwegs waren, vor Probleme. Diese durften deshalb neu mit dem «Privatfahrrad» einrücken.[5] Die Tatsache, dass die Kommandanten neu zu Pferd unterwegs waren, soll den deutschen Kaiser bei der Überschreitung der Grenze in Basel zur Aussage bewogen haben, dass er sich «vor den Anarchisten» nicht fürchte, «wenn nur die berittenen Kompaniekommandanten der Infanterie nicht wären!»[6]

Die Verpflegung der Truppe mit Brot und Fleisch war durch Verpflegungsabteilungen gesichert. Die Bäckereikompanien 5 und 7 versorgten die 5. Division von Rapperswil aus mit Bahn und «Automobilkraftwagen», den Kompanien 8 und 9 standen in St.Gallen 14 private Öfen zur Verfügung, von wo aus sie täglich die nötigen Brote per Bahn und Wagen zu den Einheiten der 6. Division lieferten. Die Zentralmetzgerei der 6. Division befand sich in Gossau in einem privaten Schlachthaus. Sie versorgte vor allem die Kavallerie. Daneben verfügte jedes Infanterieregiment über einen Unteroffizier mit vier Metzgern, welche in eigener Initiative für ihr Regiment das Vieh beschaffen und in irgendeinem Schlachthaus töten und verarbeiten mussten. Die Offiziere aller Chargen bis hinauf zum Major genossen die gleiche Verpflegung wie die Soldaten, «abgesehen vielleicht vom Gläschen Wein», das sie sich leisteten. Sie nahmen teil an der «frugalen Mahlzeit der Unteroffiziere und Soldaten, sicherlich nicht zum Schaden der Disziplin.»[7]

---

4   St.Galler Tagblatt, 7. September 1912, Abendblatt.
5   St.Galler Tagblatt, 2. September 1912, Abendblatt.
6   Berner Intelligenzblatt, 7. September 1912, Abendausgabe.
7   Der Alttoggenburger 10. Sept. 1912; St.Galler Tagblatt, 31. August 1912, Morgenblatt.

Der Sammelplatz einer Guiden-Kompanie. *Stadtarchiv Wil*

Am Hauptmobilisierungstag, dem 26. August, wurden die einzelnen Truppenverbände für das Manöver zusammengestellt. Jedes Infanteriebataillon erhielt «vier Fahrküchen, einen Bagagewagen, einen Infanteriecaisson [Wagen für Munition], fünf Fouragewagen und zwei Proviantwagen». Die Infanterietruppen erhielten 48, die Kavallerie- und Genietruppen 36 Schuss blinde Munition pro Mann.[8] Grosse Probleme verursachte die Aushebung der Pferde: «Die Lieferanten, die vertraglich zur Lieferung einer bestimmten Anzahl von Pferden verpflichtet sind, haben … grosse Mühe, bei den Bauern die nötige Zahl von Pferden aufzutreiben».[9] Schuld war das schlechte Wetter, welches die Emd- und Getreideernte bis jetzt verhindert hatte. Nun benötigten die Bauern die Pferde selber. Zudem wurden viele der gestellten Pferde als untauglich oder bedingt tauglich beurteilt.

Durchgebrannte Pferde

«In der Nacht vom Freitag auf den Samstag sollen bei einem Nachtgefecht bei Flawil der Guidenabteilung 6 die Pferde durch das Schiessen derart «erchlüpft» sein, dass 32 Stück das Hasenpanier ergriffen. Vier davon kamen von einem Gasthof in Wil und es gelang einer handfesten St. Gallermagd zwei davon zu fangen, um sie kurz darauf den nachfolgenden Guiden zu übergeben. Die beiden anderen flohen weiter gegen die Thur und wurden bis zum Morgen nicht gefunden.»[10]

---

8 Der Alttoggenburger, 27. August 1912.
9 Berner Intelligenzblatt, 27. August 1912, Erstes Blatt.
10 Der Alttoggenburger, 6. September 1912.

Infanterietruppen marschieren durch Wil. *Stadtarchiv Wil*

Zur Vorbereitung der Manöver gehörte auch die Sicherstellung der Verkehrswege. Die Strassen Steg-Hulftegg-Kirchberg-Flawil und Tösstal-Sternenberg-Fischingen-Kirchberg-Jonschwil-Oberuzwil wurden ganz, die Strecke Wil-Lütisburg zeitweise gesperrt.[11] In Kirchberg richtete der Kurverein für die «Manövertage» ein «Quartierbureau» ein, welches Anmeldungen für «Gasthaus- und Privatlogis» entgegennahm.[12]

Schreckensnacht in Romanshorn[13]

Hermann Schwarz aus Romanshorn, ein 25-jähriger Soldat des Bataillons 73, wurde bereits vor den Manövertagen wegen Geistesstörung aus dem Dienst entlassen. Nachdem er gegen verschiedene Personen Drohungen ausgesprochen hatte, versuchten die «Landjäger» am 30. August, Schwarz zu verhaften. Dieser verbarrikadierte sich in seiner Wohnung bei Gärtnermeister Eggler in der Hub und schoss mit dem Ordonnanzgewehr während 4 Stunden auf alle Personen, welche sich dem Haus näherten oder gar versuchten, in das Haus einzudringen. Die Schiesserei dauerte bis nachts 23.00 Uhr. Der Schütze floh dann in einen nahen Wald, immer noch im Besitz seines Gewehres. Polizei, Feuerwehr und andere beherzte Einwohner machten sich am Vormittag des 31. August auf die Verfolgung, nachdem Schwarz im Wald zwischen Romanshorn und Amriswil vermutet wurde. Er konnte am Abend gestellt und verhaftet werden, wurde dabei aber angeschossen. Fazit: Schwarz tötete insgesamt sieben Personen, verletzte sechs Personen schwer und weitere leicht.

---

11 Der Alttoggenburger, 27. August 1912.
12 Der Alttoggenburger, 30. August 1912.
13 Berner Intelligenzblatt 31. August 1912, Abendausgabe; 3. September 1912, Erstes Blatt; 4. September 1912, Erstes Blatt; Die Ostschweiz 31. August 1912, Abendblatt; 2. September 1912, Morgenblatt und Abendblatt.

Die ganze «Prominenz», versammelt auf dem Hüsligs bei Kirchberg.   *Kantonsbibliothek Vadiana St. Gallen*

Die Manövertage[14]

Die Manöverleitung lag in den Händen von Oberstkorpskommandant Ulrich Wille. Während des ganzen Manövers war auch der Chef des schweizerischen Generalstabes, Oberstkorpskommandant Theophil Sprecher von Bernegg, anwesend. In der Übungsanlage Willes war eine Armee (rote Partei) in die Schweiz eingedrungen und lag zu Beginn der Manöver im Raum Gossau (6. Division). Die verteidigende Armee (blaue Partei) befand sich im Raum Pfäffikon (5. Division). Die blaue Division erhielt den Befehl, ins Toggenburg vorzustossen, während die rote seit dem Abend des 2. Septembers in zwei Kolonnen nach Wil marschierte, die eine über Flawil, Oberuzwil, Rickenbach, die andere über Jonschwil. Am 3. September stiess die blaue Armee nach einem zwölfstündigen Marsch über die Hulftegg bis Bazenheid und Tiefrüti vor. Die Roten wurden durch ihre Patrouillen darüber informiert und rückten um den Mittag, angeführt von der Kavallerie-Brigade 3, von Wil nach Kirchberg vor, um die dortigen Höhen zu besetzen. Die 17. Brigade blieb in Wil als Reserve zurück.

Oberstdivisionär Paul Schiessle, Kommandant der 6. Division.

Oberstdivisionär Hermann Steinbuch, Kommandant der 5. Division.

---

14   Zu den «Kaisermanövern» siehe: Die 7. Division, S. 51-55; De Tarle, L'armée Suisse; Favre, Détails de manoeuvres; Feyler, Les manoeuvres; Meyer, Bericht über die Manöver; Rüesch, Die Kaisermanöver.

Übersicht der Manövertruppen[15]

Manöverleitung
    Armeekorpsstab 3 (Oberstkorpskommandant Ulrich Wille)

Die «roten» Truppen (6. Division)
    Divisionsstab (Oberstdivisionär Paul Schiessle)
    Infanterie-Brigade 16 (Oberst Paul Scherrer)
    Infanterie-Brigade 17 (Oberst Rudolf von Schulthess)
    Radfahrer-Kompanie 6 (Oberleutnant Albert Knecht)
    Guiden-Abteilung 6 (Major Karl Matter)
    Artillerie-Brigade 6 (Oberst Alexis Garonne)
    Sappeur-Bataillon 6 (Major Ernst Eisenhut)
    Telegraphen-Kompanie 6 (Hauptmann Otto Schiffmann)
    Feldlazarett (Major Gottfried Hämig)
    Verpflegungsabteilung 6 (Major Anton Häfliger)

Die «blauen» Truppen (5. Division)
    Divisionsstab (Oberstdivisionär Hermann Steinbuch)
    Infanterie-Brigade 13 (Oberst Eduard Sulzer)
    Infanterie-Brigade 14 (Oberst Walter Wyssling)
    Radfahrer-Kompagnie 5 (Hauptmann Adolf Vohdin)
    Guiden-Abteilung 5 (Major Jacek Michalsky)
    Artillerie-Brigade 5 (Oberst Eduard Bühler)
    Sappeur-Bataillon 5 (Major Johann Girsberger)
    Telegraphen-Kompanie 5 (Hauptmann Emil Heusser)
    Feldlazarett (Major Anton Bühler)
    Verpflegungsabteilung 5 (Major Johann Wipf)

Zur Verfügung der Leitung
    Kavallerie-Brigade 3 (Oberstleutnant Jakob Keller)
    Kavallerie-Mitrailleur-Kompanie 3 (Hauptmann Stephan von Glutz)

---

15   Schweizerisches Armeekorpsmanöver 1912.

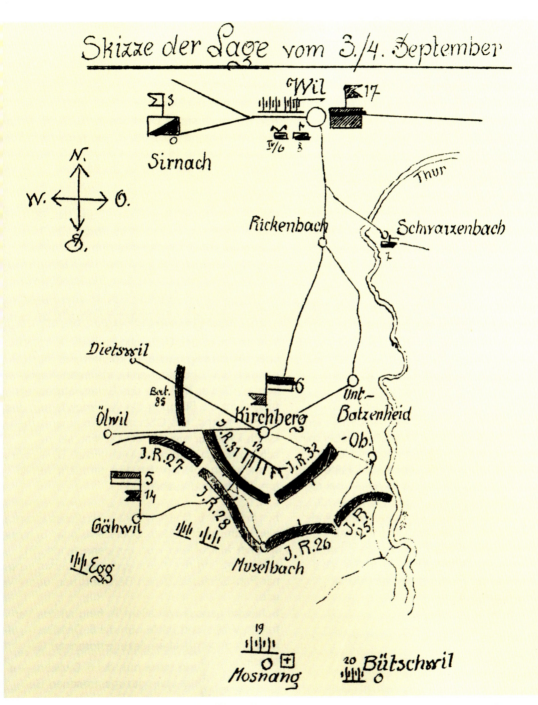

Skizze der Manöversituation am 3./4. September 1912.

Die 7. Division, S. 50

Am frühen Nachmittag des 3. September geriet die vorpreschende Kavallerie-Brigade 3 der roten Division bei Tüfrüti in das Feuer eines vorgerückten Infanterie-Regiments der blauen und musste zurückweichen. Die blauen Artillerie-Batterien lagen schliesslich um 3 Uhr zwischen Kappenmüli und Tüfrüti, die Stellungen der Batterien der roten Armee befanden sich gegen 4 Uhr westlich von Kirchberg auf dem Hüsligs. Erst um 5 Uhr erreichte auch das rote Infanterie-Regiment 32 Kirchberg und besetzte den Raum östlich der Brigade 31. Unterdessen war auf der anderen Seite die blaue Brigade 13 nachgerückt: ein Regiment rückte über Müselbach vor, das andere über Bazenheid. Die Roten gerieten in ernsthafte Schwierigkeiten. Nachdem die Schiedsrichter den blauen Angriff als abgeschlagen erklärt hatten, begannen beide Divisionen sich einzugraben – unter Mithilfe der Sappeur-Kompanien.

Oberst Paul Scherrer, ein Bürger von Kirchberg[16]

Paul Scherrer war als Kommandant der Infanterie-Brigade 16 mit den beiden Infanterieregimentern 31 und 32 im Zentrum des Geschehens auf dem «Kaiserhügel» in Kirchberg.

Geboren am 20. April 1862 im Sedel, Gemeinde Münchwilen TG.

Gestorben am 10. März 1935 in Basel.

Katholisch, später konfessionslos; Bürger von Kirchberg und ab 1895 von Basel, Sohn des Alois und der Waldburga, geborene Hollenstein, Kleinbauern und Wirtsleute. Paul Scherrer war zweimal verheiratet – mit Emma Meyer (1887) und Bertha Eugenie Pözl (1895). Studium der Rechte in München und Basel, später Anwalt und Notar in Basel.

Von 1887-1908 Mitglied des Grossen Rats von Basel-Stadt und von 1896-1919 Ständerat. Als Mitglied der FDP war Paul Scherrer einer der bedeutenden Politiker seiner Zeit und lange Jahre Präsident des Verbands der Basler Chemischen Industriellen. 1909 zum Oberst ernannt, führte er 1912-17 die Brigaden 13 und 16.

Bei Tagesanbruch am 4. September wurden die Stellungsarbeiten fortgesetzt. Nach einer kalten und nassen Nacht begann sich der Himmel endlich aufzuhellen. Die 6. Division hielt nach wie vor mit der Brigade 16 die gegrabenen Stellungen südlich von Kirchberg: Regiment 31 mit Front Südwest, Regiment 32 mit Front Südost, dazwischen Artillerie-Regiment 12, ebenfalls eingegraben. Ein Teil der roten Infanterie-Brigade 17 stand als Divisionsreserve bei Lamperswil, der andere Teil sollte zusammen mit dem Artillerie-Regiment 11 von Wil aus über Littenheid-Schönau die Stellungen der Blauen bei Ötwil angreifen. Die rote Kavallerie-Brigade 3 stand bei Jonschwil, um einen eventuellen blauen Umgehungsangriff abzuwehren. Die blaue 5. Division stand mit der Brigade 13 südlich von Oberbazenheid und mit der Brigade 14 nördlich von Gähwil auf der Linie Tüfrüti-Ötwil. Dahinter entfaltete sich die blaue Artillerie-Brigade 5 in vier Gruppen vor Bütschwil und Mosnang, am Krimberg und auf der Egg.

---

16 Historisches Lexikon der Schweiz; Schweizerisches Armeekorpsmanöver 1912; Die 7. Division.

Schützengraben im Manövergebiet von Kirchberg, im Hintergrund Massen von Zuschauern.
Bibliothek am Guisanplatz Bern: A 1706

«Man erzählt sich, dass der Kaiser einen Feldprediger, der nach Schweizer Art mit Uniform und Säbel geschmückt war, ein Getränk zu sich nehmen sah, das von Alkoholgegnern dreimal verdammt würde, und dabei gesagt habe: 'Sie predigen Wasser und trinken Wein'.»[17]

Um 7h30 wurden die Kampfhandlungen wieder aufgenommen, allerdings nur für kurze Zeit. Um 8 Uhr traf Kaiser Wilhelm II. mit seinem Gefolge auf dem Gefechtsfeld ein, was die Manöverleitung veranlasste, die Kampfhandlungen entsprechend zu verzögern. Ulrich Wille orientierte den Gast auf dem «Kaiserhügel» kurz über die Lage und der deutsche Monarch begab sich auf eine Rundfahrt über Dietschwil, Fischingen und Gähwil. Der Kaiser liess immer wieder anhalten, inspizierte Schützengräben und unterhielt sich mit Soldaten und

Infanteristen in Stellung.
Gemeindearchiv Kirchberg

---

17 Tages Anzeiger, 7. September 1912.

Offizieren. Um 10 Uhr kehrte der Monarch auf den Hüsligs zurück, um die weitere Gefechtsentwicklung zu verfolgen – eine Gefechtsentwicklung, welche zunehmend durch die gegen 100'000 Menschen zählende Zuschauermasse behindert wurde.

> **Manöverunfall[18]**
>
> Hauptmann von Glutz, Kommandant der Mitrailleur-Kompanie 3, hat sich mit dem Pferde überschlagen. Als er dem Pferd aufhelfen wollte, «versetzte ihm dieses fünf oder sechs Hufschläge ins Gesicht, wodurch ein Bruch des Oberkiefers und ein Bruch der Schädelbasis eingetreten ist.»

Kurz nach der Wiederaufnahme der Kampfhandlungen geriet die rote Division auf dem östlichen Flügel durch das Vordringen der blauen Brigade 13 schnell in Bedrängnis. Andererseits gelang es der Brigade 17 auf dem westlichen Flügel, die blauen Truppen bei Ötwil gegen Gähwil zurückzudrängen. Der entscheidende Erfolg gelang den Roten aber nicht, da fast gleichzeitig die 13. Brigade die Front der roten 16. Brigade beim Hüsligs durchbrach. Da aufgrund der supponierten Manöveranlage für die 6. Division nun die Gefahr bestand, im Rücken angegriffen zu werden, ordnete ihr Kommandant Paul Schiessle kurz nach dem Mittag den Rückzug Richtung Wil an. Die blaue 5. Division hatte nicht mehr die Kraft nachzustossen und blieb in den vom Gegner geräumten Stellungen. Letztlich hätte wohl auch die Masse an Schaulustigen eine schnelle Verfolgung verhindert! Die Infanterie-Brigade 16 deckte den Rückzug der Infanterie-Brigade 17 und bezog dann den Raum Tägerschen–Tobel. Die rote Brigade 17 setzte sich in Wil fest und befestigte den Ölberg (Regiment 33) und den Nieselberg (Regiment 34). Das Artillerieregiment 12 wurde auf beide Stützpunkte verteilt. Es wurde 1 Uhr nachts, bis die Schützengräben fertig erstellt waren – das Wetter war wiederum nasskalt.

Eine Artilleriestellung. Im Hintergrund die Zuschauer hinter einer Absperrung.   *Gemeindearchiv Kirchberg*

---

18   Tages Anzeiger, 2. September 1912.

Bericht eines Manöverbesuchers[19]

«Selbst terrainkundigen Offizieren ist es bei einem solchen Menschenstrome bisweilen nicht mehr möglich, sich auszukennen. Man kam an Infanterielinien, denen unmittelbar Zivilisten in Menge und zivile Pferdedepots vorgelagert waren. Wie soll da der Soldat den Feind aufs Korn nehmen können? Ja, die Sache ging so weit, dass Schlachtenbummler der Furor helveticus ergriff und sie mit den anstürmenden Truppen in den Kampf stürzten.»

Um 5h30 am 5. September begann der Angriff der blauen Truppen auf die roten Stellungen. Die Brigade 13 gewann rasch an Terrain und setzte sich vor dem Öl- und Nieselberg fest. Die blaue Infanterie-Brigade 14 hingegen musste vor der zum Gegenangriff übergegangenen Brigade 16 zurückweichen. Bevor die nun angreifende rote Kavallerie sich entscheidend durchsetzen konnte, wurde um 9h15 zum Zapfenstreich, respektive Übungsabbruch, geblasen. Die bevorstehende Abreise des Kaisers und der fremden Offiziere hatten wohl Oberstkorpskommandant Ulrich Wille zu diesem Schritt veranlasst. Ebenfalls abgeblasen wurde die sonst übliche Manöverkritik.

Schreiben von Oberst Wille an die Kommandanten

«Indem ich die 5. und 6. Division und die Kavalleriebrigade 3 aus meinem Kommando entlasse, ist es mir eine freudige Pflicht, den Führern und den Truppen meinen Dank auszusprechen für die Leistungen und ihr Verhalten in diesem Manöver-Wiederholungskurs. Nur durch diese nahmen die Manöver einen Verlauf, der unserer Armee zur Ehre gereicht und der berechtigt, voll Vertrauen in unsere Truppen jeder Zukunft entgegenzusehen.»[20]

Der französische «Haudegen» General Pau auf seinem Schimmel, bereit ins Manövergebiet abzureiten.

Bibliothek am Guisanplatz Bern: A 1706

19 Neue Zürcher Zeitung, 5. September 1912.
20 Der Alttoggenburger, 13. September 1912.

Fremdländische Offiziere

Die Manöver des III. Armeekorps wurden nicht nur von Kaiser Wilhelm II. und seinem Hofstab, sondern auch von Dutzenden anderen ausländischen Offizieren beobachtet. Wie viele es insgesamt waren, weiss niemand. Neben den 39 offiziell akkreditierten Offizieren waren viele in zivil angereist, um in der Zuschauermenge die militärischen Übungen zu verfolgen. Die offiziellen Delegationen aus der ganzen Welt waren vom 1. bis 7. September im Hotel Walhalla in St.Gallen einquartiert, fuhren jeden Morgen mit einem Extrazug nach Wil und begaben sich von dort zu Pferd ins Manövergelände.[21] Am 1. September offerierte der Vorsteher des Eidgenössischen Militärdepartements, Bundesrat Arthur Hoffmann, in der «Walhalla» ein Essen und stellte die ausländischen Gäste im japanischen Saal des Hotels vor. Auf dem Bahnhofplatz hatte sich «eine gewaltige Menschenmenge» eingefunden[22], um die Offiziere aus aller Welt zu bestaunen: «Die glänzenden Uniformen, die reich mit Goldstickereien, Ordenbändern und glitzernden Ordenssternen geschmückten Waffenröcke der vielen fremden und zum Teil hohen Offiziere, mit dem jeder Nation eigenen Ausdruck, gewährten ein fesselndes Bild, in welches das schlichte Wehrkleid unserer schweizerischen Offiziere, die in liebenswürdigster Weise und mit Grandezza die Honneurs machten, wohltuende Abwechslung und Ruhe hineinwob… Unter der fein abgetönten Tafelmusik eines von Herrn Direktor Haubold dirigierten Streichorchesters wickelte sich ein Menü ab, mit dem die 'Walhalla' Ehre einlegte.»[23] Gegen Ende der Tafel entbot Bundesrat Hoffmann den fremdländischen Delegationen den Gruss des Bundesrates und des Schweizervolks. Namens der Gäste bedankte sich der französische General Pau und erhob sein Glas «à la Nation suisse, à son gouvernement, à son armée».[24] Vor der «Walhalla» hielt sich den ganzen Tag über viel Volk auf. Abends gegen 6 Uhr hielten Tausende den Bahnhofplatz besetzt.

Der offizielle Ausweis der Offiziere.
Kantonsbibliothek Vadiana St.Gallen

Auf der Rückseite des Offiziersausweises ein Kroki für die Manöverkritik – welche nie stattfand!
Kantonsbibliothek Vadiana St.Gallen

21 Der Alttoggenburger, 23. August 1912.
22 Berner Intelligenzblatt, 2. September 1912.
23 St.Galler Tagblatt, 2. September 1912, Morgenblatt.
24 Ebenda.

Ausländische Offiziere und Schaulustige beim Bahnhof Wil. *Bibliothek am Guisanplatz Bern: A 1706*

Von 7 Uhr an wurde das Gedränge vor der «Walhalla» immer stärker und die Polizei hatte Mühe, den für die Stadtmusik reservierten Platz vor dem japanischen Saale freizuhalten. «Von der Strasse aus sah man nur einen matten Schimmer von dem Glanz und der Farbenpracht im lichterfüllten Saale, und als General Pau sprach, reckten sich Hunderte, um ihn zu sehen… Das Gesamtkorps der Stadtmusik begann gegen 9 Uhr ihr Platzkonzert mit Lenhardts 'Ehrenwache' und schloss um 10 Uhr mit dem 'Bernermarsch'».[25] Nach dem Ende des Konzerts begannen sich die Zuschauer zu zerstreuen, aber noch um Mitternacht herrschte rund um den Bahnhof reger Betrieb.

Am 2. September besuchten die ausländischen Offiziere bei strömendem Regen Appenzell AI. Sie wurden im Bahnhof von Appenzell von einer grossen Volksmenge empfangen und fuhren dann weiter nach Wasserauen, wo sie in der «Villa Lumpert» einen Imbiss serviert bekamen und später im Kurhaus Weissbad das «Souper» einnahmen. In der «Blüemlisalp» in Wasserauen erinnerte lange eine in einen Findling eingepasste Kupferplatte an diesen Besuch.[26]

---

25 St. Galler Tagblatt, 2. September 1912, Morgenblatt.
26 Generale besuchten Innerrhoden.

Ausländische Beobachter[27]

Deutschland:
– Generalmajor und Generalquartiermeister Graf von Waldersee
– Major im Grossen Generalstab von Berenhorst
– Hauptmann im Generalstab von Bismarck, Militärattaché bei der Deutschen Gesandtschaft in Bern
– Premierlieutenant Baron von Dörnberg, Kürassierregiment von Driesen (Westfalen) Nr. 4
– Premierlieutenant Graf von Limburg-Stirum

Amerika:
– Oberst der Kavallerie Frank A. Edwards, Militärattaché der amerikanischen Gesandtschaft in Bern

Argentinien:
– Oberst Amadeo de Baldrich, Militärattaché der argentinischen Gesandtschaft in Madrid

Österreich-Ungarn:
– Feldmarschall-Lieutenant Victor Dankl, Kommandant des 4. Armeekorps in Innsbruck
– Oberst im Generalstab Cletus Pichler, Generalstabschef des 14. Armeekorps in Innsbruck
– Major im Generalstab Baron Alfred Waldstätten, Professor an der Kriegsschule in Wien
– Major Baron Otto von Berlepsch, Militärattaché bei der österreichisch-ungarischen Gesandtschaft

Belgien:
– Oberstlieutenant Jansen vom 1. Artillerieregiment, zugeteilt dem Generalstab

Brasilien:
– Hauptmann Manoel Bourgard de Castro e Silva

Chile:
– Major Luis Fitau

Spanien:
– Oberstlieutenant i. Gst. Jorge Fernandez de Heredia, Militärattaché bei der spanischen Gesandtschaft

Frankreich:
– General Pau, Mitglied des obersten Kriegsrates
– Kommandant de Parisot de Durand de la Boisse von seinem Generalstab
– Hauptmann Jaquard vom zweiten Büro des Generalstabs
– Hauptmann Becker, Militärattaché bei der französischen Gesandtschaft in Bern

---

27 Berner Intelligenzblatt, 24. August 1912, Abend-Ausgabe.

Grossbritannien:
- Generalmajor Bethune, Generaldirektor der Landkräfte
- Oberst Granet, Militärattaché in Bern
- Major Cunliffe-Owen vom Grossen Generalstab

Australien:
- Oberstlieutenant J.G. Legge von der australischen Armee

Südafrika:
- Brigadegeneral Beyers, kommandierender General der südafrikanischen Armee

Guatemala:
- Sanitätsoberst Dr. Mencos

Peru:
- Oberstlieutenant Bernales
- Hauptmann Garcia Godos

Japan:
- Oberstlieutenant der Infanterie H. Watanabé, zugeteilt dem Militärattaché in Paris

Italien:
- Artilleriemajor de Marinis Stendardo di Ricigliano, Militärattaché bei der italienischen Gesandtschaft

Niederlande:
- Oberst Colette, Kommandant des 3. Infanterieregiments
- Oberstlieutenant der Infanterie Dijkstra von der niederländisch-indischen Armee

Portugal:
- Hauptmann im Generalstab Luiz Aucusto Ferreira Martins
- Hauptmann im Generalstab Victorino Henrique Godinho

Rumänien:
- Artilleriehauptmann Jean Rascano
- Infanterie-Hauptmann Virgile Economu

Russland:
- Oberst im Generalstab Pototsky
- Oberstlieutenant im Generalstab Stakhowitsch

Uruguay:
- Hauptmann Oskar Viera
- Lieutenant Juan M. Boiso Lanza

Die ausländischen Offiziere auf dem Weg zurück nach Wil.　　　　　Gemeindearchiv Kirchberg

Inspektion in Aadorf

Nach dem Abbruch der «Kaisermanöver» in Wil am 5. September folgte als letzter Höhepunkt die Truppeninspektion am Vormittag des 6. Septembers in Aadorf. Bundesrat Arthur Hoffmann, Vorsteher des Schweizerischen Militärdepartements, nahm den Vorbeimarsch der Truppe ab: zuerst die 6., dann die 5. Division. Die Reihenfolge des Vorbeimarsches war jeweils bei beiden Divisionen die gleiche: nach dem Divisionsstab und den beiden Infanteriebrigaden folgten Radfahrer, Sappeurbataillone, Telegrafen- und Pionierkompanien, Sanität, Artilleriebrigade und zuletzt die Kavallerie. Der Publikumsaufmarsch und das Interesse waren noch einmal enorm und wiederum war die Rede von 100'000 Schaulustigen: «Das Publikum durchbrach in seiner Begeisterung die Absperrungslinie, so dass Offiziere des Stabes den Ordnungsdienst um den ... Inspektor und das Gefolge besorgen mussten. Die der Freiheit des Landes dienende Volkskraft auf dem weiten, von dem alten Städtchen Elgg und bewaldeten Höhen umgrenzten Felde vor dem Auge vorbeiziehen zu sehen, war für das Volk ein erhebender Anblick.»[28]

28　St.Galler Tagblatt, 6. September 1912, Abendblatt.

Einer fehlte: Kaiser Wilhelm II. Seine Anwesenheit bei der Inspektion war der Straffung des Reiseprogramms zum Opfer gefallen – zur grossen Enttäuschung der Aadorfer. Im Volksmund wird der Aadorfer Bahnhof von vielen Einheimischen aber trotzdem immer noch als «Kaiserbahnhof» bezeichnet.

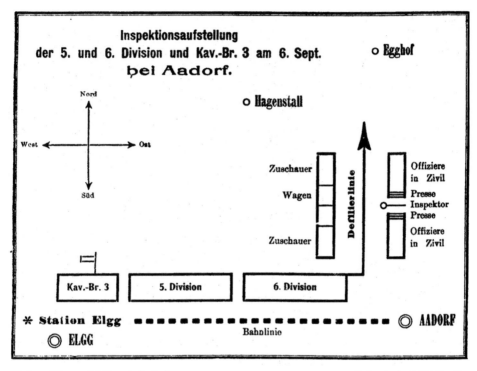

Die Inspektionsaufstellung in Aadorf. *Die Ostschweiz, 5.9.1912 Abendblatt*

Nutzniesser und Geschädigte

Im Manövergebiet von Kirchberg und Wil blieben nicht nur eine lange nachhallende Begeisterung und «Kaiserlinden» zurück, sondern auch Landschäden mit enormen Ausmassen. Mit Schäden hatte man durchaus gerechnet, aber nicht in dieser Grössenordnung. «Der Alttoggenburger» empfahl den Bauern schon gegen Ende Juli, «wenn möglich mit dem Emden noch zuzuwarten, damit bei den Manövern nicht schon wieder schönes Herbstgras auf den Wiesen sich findet und von den Truppen zertreten wird.»[29] Am 15. August hiess es im «St.Galler Tagblatt»: «Unsere militärpflichtigen Bauernsöhne hätten begreiflicherweise noch gerne die Ernte hinter sich gehabt. Statt nun aber ans Emden gehen zu können, muss heute schon an vielen Orten der Grasnutzen der Fäulnis überlassen werden.» In den Manöverge-

---

29   Der Alttoggenburger, 26. Juli 1912.

Ein Manöverbesucher sucht sein Portemonnaie. *Der Alttoggenburger, 6.9.1912*

bieten «ist man in einer ganz fatalen Situation, da überall noch der volle Emdertrag draussen auf den Feldern steht oder liegt. Man wird sich deshalb dieses Jahr auf ganz gewaltige Kulturschäden gefasst machen müssen, die ganz besonders dann in ansehnliche Summen sich steigern werden, wenn während der Manöver schlechtes Wetter eintreten sollte».[30]

Die Schäden waren nicht nur eine direkte Folge der Manöver, sondern auch das Resultat des enormen Besucherstroms. Die Menschen fielen wie Heuschrecken über die Region her – mit der Bahn, dem Automobil, zu Pferd, aber meistens zu Fuss. Die allein in Kirchberg von 149 Landbesitzern angemeldeten Schäden beliefen sich auf stolze 22'826.50 Franken. Wenn man bedenkt, dass zu dieser Zeit der Preis eines Hauses bei rund 10'000 Franken lag, eine ungeheure Summe. Die Höhe der Entschädigungen pro Eigentümer lag zwischen 5 und 3'000 Franken, wobei insgesamt neun Personen Schäden von mehr als 500 Franken zur Anzeige brachten. Die Schäden reichten von einfachen Ertragsausfällen beim Gras über zurückgelassene Schützengräben und Batteriestellungen in Feld und Wald bis zu völlig zerstörten Kulturen. Sämtliche Forderungen wurden anstandslos und schnell beglichen! Neben den Flurschäden wurden auch «Leistungen an die Truppe», wie die Lieferung von Heu, Stroh oder Holz, entschädigt. Entsprechende Rechnungen durften in Kirchberg an Kantonsrat Otto Huber, in Bazenheid an Revierförster Studer, in Müselbach an Franz Räbsamen und in Gähwil an Ferdinand Gähwiler gestellt werden.[31]

Wie hoch die Gesamtkosten des «Kaiserbesuchs» und insbesondere der «Kaisermanöver» waren, ist nicht bekannt, jedenfalls sind diese nie zusammen getragen worden. Bekannt sind vor allem die Dekorationskosten der verschiedenen Destinationen der Reise Kaiser Wilhelms II.[32] Auf Seiten des Bundes ist immerhin bekannt, wie viel dieser als Repräsentationskosten für den «Kaiserbesuch» ausgewiesen hat. Der ursprünglich vorgesehene Betrag von 25'000 Franken reichte bei weitem nicht aus. Der Bundesrat musste im Dezember 1912 einen Nachtragskredit beantragen, da die Gesamtkosten sich in der Endabrechnung auf doch stolze 114'000 Franken summiert hatten.[33]

---

30 St.Galler Tagblatt, 15. August 1912, Morgenblatt.
31 Der Alttoggenburger, 6. Sept. 1912.
32 Siehe Kapitel 1.
33 Der Alttoggenburger, 3. Dezember 1912.

> ## Kirchberg.
> ### Truppenmanöver 1912. ☞ Landschadenvergütung.
> Die von der Abschatzungskommission den Bodenbesitzern zugesprochenen **Vergütungen für Kultur= und Landschäden** anläßlich der letzten Truppenmanöver können in Empfang genommen werden:
>
> **Montag den 14. Oktober:**
> **vormittags 9—11 Uhr:** in der Wirtschaft z. „**Mühle**" in **Gähwil**
> **nachmitt. 1½—4** „ z. „**Adler**" in **Kirchberg**,
> **Dienstag den 15. Oktober:**
> **vormittags 9—11 Uhr:** in der Wirtschaft z. „**Bahnhof**", **Bazenhaid**.

Die Entschädigung für den Landschaden kann abgeholt werden! *Der Alttoggenburger, 11.10.1912*

Auf der anderen Seite profitierten Handel und Gewerbe enorm. Insbesondere die Gastwirtschaften und Lebensmittelläden erwirtschafteten während diesen «Kaisertagen» Rekordumsätze.

Eine der Ursachen für die Landschäden: ein Schützengraben der Infanterie. *Gemeindearchiv Kirchberg*

Fazit eines Kirchbergers[34]

«Da rückten sie [die Schlachtenbummler] ein, in Trupp in Massen und fragten nach Heer und Kaiser und nach vielem, was wir selbst nicht wussten. Es füllten sich unsere Hotels, die Ladengeschäfte, wo mögliches und auch unmögliches verlangt wurde, schon stand die Ansichtskartenwut in schönster Blüte, die Kaiserkarten wurden ausverkauft. Das vom Verkehrsverein eröffnete Quartierbureau trat in Aktion, wo denn bis nachts halb 1 Uhr reges Treiben herrschte und verschiedene Hundert versorgten, in alle verfügbare Betten und Kanapees, ein- und zweispännig. In sicherer Voraussicht einer schlaflosen Nacht, stellten Wirte und Personal ihre eigenen Betten zur Verfügung. Mit Not noch wurde der «Stab» untergebracht... Wogen gleich, wälzte sich ein Strom von Bazenhaid und Wil daher, Massen, die sich nicht schätzen lassen; einzelne Zeitungen schrieben von 100'000, was wohl übertrieben erscheint. Wir wollen 50'000 annehmen und dann wird jedermann den Sturm auf die Wirtschaften begreifen, der nun folgte, und dass mancher leer abreisen musste. Es war eine tüchtige Leistung, allseitig anerkannt. Auch Metzger und Bäcker waren auf der Höhe ihrer Aufgabe, Massen sind vertilgt worden. Nur ein Beispiel, hat doch die hiesige Käserei für Fr. 1'000 Käse verkauft, von der Unmasse Milch für Zivil und Militär nicht zu reden... Der Friedenskaiser verdient unsere Hochachtung schon um seiner grossen Verdienste, um den Frieden Europas, dann als Mensch und Monarch...42 Jahre sind in Frieden vorüber gegangen seit 1870, der stärkste Hort des Friedens ist und war Kaiser Wilhelm...Von den diesjährigen Manövern bleibt uns eine freundliche Erinnerung an den ritterlichen Kaiser und sein Gefolge, der Kaiserhügel, wie er wohl für immer genannt wird, und die Schanzen in Wiesen und Wald, verlassen von unseren Milizen...»

Kirchberg. Bekanntmachung.
Anläßlich der letzten **Truppenmanöver vom 3. und 4. September** ist auf dem Kirchenplatz in **Gähwil** von einer Truppenabteilung irrtümlicherweise **eine Kiste mit Sturmlaternen** verladen und fortgeführt worden. Dieselbe kann gegen Ausweis bei unterzeichneter Stelle in Empfang genommen werden.
Kirchberg, den 10. Oktober 1912. **Die Gemeinderatskanzlei.**

Die verschwundenen Sturmlaternen können auf der Gemeinderatskanzlei abgeholt werden.
Der Alttoggenburger, 15.10.1912

---

34 Der Alttoggenburger, 10. September 1912.

Der Kaiser in Begleitung von Oberstkorpskommandant Sprecher von Bernegg und Bundespräsident Forrer.
Gallus Eberle, Engelburg

Reaktionen im In- und Ausland

Kirchberg ist von den Ereignissen im Zusammenhang mit dem «Kaisermanöver» von 1912 im wörtlichen Sinne überrannt worden. Es gibt keinerlei Hinweise darauf, dass die offiziellen Stellen der Gemeinde, insbesondere der Gemeinderat, in die Planung oder sogar in die Entscheidungsprozesse im Zusammenhang mit dem Besuch Wilhelms II. mit einbezogen waren. In den Protokollen des Gemeinderates und der Kommissionen ist vor, während und nach den Manövern nirgends ein Hinweis darauf zu finden. Ein kurzer Abschnitt im «Protokoll der Rechnungsgemeinde der politischen Gemeinde Kirchberg vom 13. Oktober 1912» zieht ein Fazit zu den Ereignissen des Septembers: «Im Eröffnungswort bezieht sich der Gemeindeleiter auf ein Ereignis, welches die Gemeinde Kirchberg in der letzten Zeit weit über die Grenzen des Schweizerlandes bekannt gemacht hat. Deutsche, englische, ja amerikanische Blätter brachten Leitartikel mit der Aufschrift «Kirchberg». Es fanden nämlich am 3. & 4. September die Hauptmanöver eines grösseren Teils der Schweizer Armee, der V. und VI. Division in hiesiger Gemeinde statt. Das Centrum der Hauptmanöver bildeten der Häusligs & Hasenberg, und am 4. September war der deutsche Kaiser Wilhelm der II. mit den höchsten Vertretern des deutschen Generalstabes und einem glänzenden Gefolge von Offizieren aller Staaten in Kirchberg anwesend. Morgens halb 8 Uhr kamen dieselben in 10 Autos von Wil her, & begaben sich auf den Häusligsberg, wo sie auf dem westlichen Ausläufer des Berges, auf dem Plateau ob dem 'Strick' den Gang der Manöver bis Mittags 12 Uhr verfolgten. Der Kaiser machte kurz nach seiner Ankunft eine Rundfahrt von Kirchberg nach Oetwil-Fischingen-Murg-Sennis-Gähwil-Tiefrüti, um die Gefechtsstellungen zu sehen. An diesem Tage war eine Menschenmenge in Kirchberg, welche allgemein auf über 100'000 Personen geschätzt wurde.»[35] Auch im «Protokoll der Jahresversammlungen der Dorfkorporation Dietschwil ist ein kurzer Hinweis zu finden: «Anlässlich der Herbstmanöver im Sept. 1912 wurde in der Gemeinde Kirchberg das Hauptgefecht abgespielt. Mit gewissem Stolz wurden diese Manöver Kaisermanöver genannt, weil der Deutsche Kaiser dieselben mit seinem Besuche beehrte. Derselbe kam von Wil her nach Kirchberg. Den Rückweg nahm derselbe durch unser Dorf nach Frauenfeld. Wer sich dann zu Hause befand, konnte diesen hohen Fürst, der mit Recht Friedens-Kaiser genannt wird, beobachten.»[36] Es wäre falsch, nun den Schluss zu ziehen, dass sich in der Gemeinde Kirchberg die Amtsträger nicht für die Ereignisse interessiert hätten. Sie hatten schlicht und einfach nichts dazu zu sagen. Der «Kaiserbesuch» und das «Kaisermanöver» waren Ereignisse, welche auf eidgenössischer Ebene geplant und durchgeführt wurden – letztlich vom Bundesrat selber. Das ändert natürlich nichts an der Tatsache, dass auch für die Kirchberger Bevölkerung dieser Zeit der «Kaiserbesuch» ein Jahrhundertereignis war und noch Jahrzehnte nachhallte.

«Damen» im Manövergelände. Gemeindearchiv Kirchberg

---

35 Protokoll Bürgerversammlungen 1900-1918, 13. Oktober 1912.
36 Protokoll der Dorf- und Wasserkorporation Dietschwil, 1913.

«Man wird gut daran tun, die heutige Truppenübung nicht allzusehr vom militärischen Standpunkt aus zu beurteilen. In der Anlage und in den Verfügungen der Manöverleitung trug sie unverkennbar die Signatur eines für den Besuchszwecks vorbereiteten Schauspiels, und in der Durchführung fehlte es auch nicht an Momenten, denen man die Orientierung nach dem Standort des hohen Gastes deutlich anmerkte... Wie eine Flut brandete der Zudrang des Publikums um den «Feldherrenhügel» und soweit man blicken konnte, wimmelte und krabbelte es über das Feld, Männlein und Weiblein, und die Truppen, vorab die staubgeborenen Infanteristen, hatten schwere Mühe, sich bemerkbar zu machen, während die Artillerie mit Schall und Rauch sich gegenüber den schreckhaft vielen Bummlern noch behaupten konnte. Ein Truppenzusammenzug? Nein, das war schon mehr eine schweizerische Landsgemeinde, und zwar eine mit Frauenstimmrecht!»[37]

Schweizer Stimmen

Wie gross die Resonanz auf die «Kaisermanöver» generell war, belegt die Zahl der vom Informationsbüro der Manöverleitung für die Pressevertreter und anderen Berichterstatter ausgestellten Ausweise: 103 Schweizer Pressevertreter, 54 ausländische Pressevertreter, 44 Fotografen und 6 Maler.[38]

Die offizielle Ausweiskarte für Journalisten, hier jene von Dr. Karl Bürke vom St.Galler Tagblatt.
Kantonsbibliothek Vadiana St.Gallen

---

37 Berner Intelligenzblatt, 5. September 1912, Erstes Blatt.
38 Berner Intelligenzblatt, 14. September 1912, Abendausgabe.

In der Schweizer Presse überwog die Euphorie für den hohen deutschen Gast alles andere. Über das «Kaisermanöver» selber wurde minutiös und detailliert berichtet, aber Anekdoten rund um den Monarchen waren den meisten Berichterstattern wichtiger als eine kritische Auseinandersetzung mit dem militärischen Stellenwert der Herbstmanöver des III. Armeekorps. Dabei liegt es auf der Hand, dass bei einem solch gewaltigen Zuschaueraufmarsch an eine ernsthafte Durchführung von militärischen Übungen kaum mehr zu denken war. Da hat es auch wenig genützt, dass der Manöverleiter Ulrich Wille schon am 23. August die Regeln für den Ordnungsdienst während der Manövertage publizieren liess, in denen es unter Punkt 4 explizit hiess: «Zuschauendes Publikum kann nicht in den Gefechtslinien geduldet werden. Das zuschauende Publikum darf nicht durch Verharren auf gewählten Aussichtspunkten oder durch das Vordrängen nach solchen hin den Truppen Bewegung und Gefechtsentwicklung erschweren»[39] Die Zuschauerwogen waren in Tat und Wahrheit nicht aufzuhalten, wie das «St.Galler Tagblatt» eindrücklich beschrieb:[40] «Bazenheid, 4. Sept. In einem gestrigen Berichte hiess es schon, dass die Unmasse der Schlachtenbummler das Manöverfeld wesentlich beeinträchtige. Hunderttausende wälzten sich dem Manövergelände zu... Die Soldaten hatten sich in der Nacht solid in die Höhenzüge eingegraben, ihre Laufgräben bildeten den Anziehungspunkt der Zuschauer;... Überall, wo das kaiserliche Automobil durchfuhr, wurde es jubelnd begrüsst, die Menge konzentrierte sich auf die Punkte, wo es anhielt, und diese Menge wuchs ins Unendliche. Immer neue Scharen spien die Bahnen in Wil aus, keine Gemeinde

Der Kaiser und sein Gefolge bahnen sich einen Weg durch die Zuschauer. *Gallus Eberle, Engelburg*

---

39 St.Galler Tagblatt, 24. August 1912, Morgenblatt.
40 St.Galler Tagblatt, 5. September 1912, Morgenblatt.

aus der weitesten Umgebung, die nicht im Manövergelände Jahrgängervereine hätte gründen können...» Deutlich mit Missfallen aufgenommen wurde auch die Anwesenheit von «Damen» im Manövergelände. Die «Ostschweiz» schrieb dazu:[41] Wer die Bilder des Manövers betrachtet, dem falle auf, «wie droben auf dem Feldherrnhügel des Häusligs bei Kirchberg beim Kaiser, bei den Bundesräten und den hohen schweizerischen und fremden Offizieren auch noch ein paar Damen stehen müssen». Die sollen das doch bitte «in privater Weise» tun, «zu der offiziellen Suite unserer Obersten gehören sie nicht». Hohe Offiziere in Zivil seien «barsch» weggewiesen worden, «während Fräulein so und so und Madame so und so dort unbehelligt unter dem Zeichen der Manöverleitung spazieren ging. Wir sagen es offen heraus, das ist uns unrepublikanisch erschienen».

Ausländische Stimmen

Die deutsche Presse war im Allgemeinen voll des Lobes über die Leistungen der Schweizer Armee. Der deutsche Militärschriftsteller Richard Gädke sah im Schweizer Milizheer «ein vollwertiges und ebenbürtiges Kriegsinstrument..., das im Kampfe sich mit jedem Heere der Welt und mit Aussicht auf Erfolg messen darf...»[42] Die «Kölnische Zeitung» meinte nach den Manövern, dass man durchaus nicht den Eindruck eines abgekarteten Spiels hatte: «Wie man sich überzeugen konnte, war der Zustand der Truppen nach den Anstrengungen gut».[43]

Kommentar in der Frankfurter Zeitung[44]

«Nach dem, was ich von dem schweizerischen Soldaten sah, glaube ich annehmen zu können, dass die fremdländischen Militärs mit dem Milizheer mehr als zufrieden sein werden. Kein Mensch wird von diesen schweren und körperstarken Leuten einen Paradedienst erwarten, der als absolut wertlos zu bezeichnen wäre. Die Mannschaften wurden in der Mehrzahl der Landbevölkerung entnommen. Zierlich sind sie nicht, aber man erkennt in ihnen mit Leichtigkeit die kampfstarken Nachkommen der für ihre Freiheit ringenden und siegenden Vorfahren. Gewiss sieht man wenig Strammheit in der Haltung, wie sie der Paradedrill erzeugt, aber die lose Haltung ist meiner Ansicht nach weniger die Folge unmilitärischen Fühlens, sondern mehr diejenige der Schwere des Knochenbaus und der Glieder».

Die «Rheinisch-Westfälische Zeitung» hob besonders hervor, dass die höheren militärischen Führer in der Schweiz ihre Sache verstehen und die Truppen ihre Absichten richtig und schnell ausführen würden. Dies hebe die Mängel wie eine zu kurze Ausbildung und ein zu

---

41 Die Ostschweiz, 18. September 1912, Abendblatt.
42 Zit. nach: St.Galler Tagblatt, 12. September 1912, Morgenblatt.
43 Zit. nach: Neue Zürcher Zeitung, 5. September 1912, Zweites Abendblatt.
44 Zit. nach: Tages Anzeiger, 5. September 1912.

Gedichte zum Kaiserbesuch

Der Besuch von Kaiser Wilhelm II. hat viele Schweizerinnen und Schweizer animiert, Gedichte zu verfassen.

Gedicht von Rudolph Aeberly[1]

Noch ist die Erde nicht so klug,
Dass sie den Frieden wahren kann
Und Waffen schmiedet man genug.
Dass sich kann Wappnen Mann für Mann.
Doch im Tribut der harten Zeit
Bewehrt sich fröhlich noch die Hand,
So lang sich noch die Seele weiht
Mit ihrer Kraft dem Vaterland.

Wenn Opfer heischt der schwüle Tag
Ruft uns der Heimat Aufgebot
Und ihr gehört ja jeder Schlaf
Des Herzens treu bis in den Tod.
Wer noch ist seiner Heimat wert,
Gehört auch zu der Heimtwehr
Und stets bereit mit Schild und Schwert
In Kampf und Frieden sei das Heer.

Doch über alles wert und lieb
Ist uns der Friede auf der Welt,
Weil stets der Krieg ein Elend blieb
Und nur die Liebe Recht behält.
Drum haben wir den Nachbar gern,
Der treu und ehrlich sich erweist
Und bis zum tiefsten Lebenskern
ein guter Fürst des Friedens heisst.

Und kommt der Nachbar auf Besuch,
So führen wir ihn durch das haus
und zeigen ihm im off'nen Buch
Der Heimat schönsten Blumenstrauss.
Mög' es für uns ein Segen sein,
Wie wenn ein Freund zum Freunde kommt
Und dankbar wollen wir Dir weih'n
Die Ehre, die dem Lorbeer frommt!

---
1 Tages Anzeiger, 2. September 1912.

Vom «Gadesepp»[2]

Jedi Zitig, jedes Land
Redt jetz vo de Schwiz,
Rüehmt und hebt zum Himmel fast
Üseri Miliz.

Wemmr au a Platz und Volk
Bloss en chline Staat,
Simmr glich für Land und Lüt
Zue me Krieg parat.

Jede, wo a d'Grenze tupft
Luegi, wie's em goht,
Wenn de Schwizer volle Zorn
Mit em G'wehr ufstoht.

Üsi Kugle tröffid guet
Und dr Arm ist stark;
Schwizereiche, Schwizerma
G'sund sind bis uf's Mark.

Und wenn – erst de Landsturm chonnt,
Donner abenand;
Au die alte Manne händ
Glich no Herz und Hand.

Und die alte Schwizerfüüst
Sind no härt wie Stei;
Jedem, won üs z'noch cho will,
Zündid's g'hörig hei.

Au em dütsche Kaiser gär
Hemmr imponiert –
Schwizer, sorgid, dann men üs
All so respektiert.

---
2 Die Ostschweiz, 16. September 1912.

Zum Kaiserbesuch[3]

Von Habsburg grüsst Dich edler Kaiser
Das weisse Kreuz im roten Feld
Willkomm im Land der freien Schweizer
All-Deutschlands grosser Friedensheld!

Erheb' die Augen, lass sie schweifen
Vom See zu firnbedeckten Höh'n
Und lass in Deinem Geiste reisen
Was Schiller uns vererbt so schön:

«Das Land sei klein und arm» man saget
«Und rauh sein Volk» – o glaub es nicht!
Gleich einer Silberkrone raget
Die Schweiz empor zum Sonnenlicht.

Sieh' dort im Feld der Krieger Scharen
Gerüstet kampfbereit zur Schlacht;
Zum Mute wird sich heut noch paaren
Die Kraft, die uns frei gemacht.

Auf hoher Alp, da wohnt der Friede
Und in den Städten waltet Fleiss;
Erhab'ner! Lausch' dem Heimatsliede,
Das unser Freiheit singet Preis.

O lerne schätzen grosser Kaiser
Das schlichte Volk von Angesicht
Und denke bieder an die Schweizer,
Vergiss der Freundschaftstage nicht!

---

[3] Gedicht in der Ostschweiz, 3. September, Morgenblatt.

Aus der «Buchsizeitung» für den Freisinn[4]

Der Kaiser Wilhelm lobesam
Ins wilde Land gezogen kam. –
Das gibt ein Fest für Eidgenossen,
Wie sie noch keines je genossen.

Ehrfürchtig folgt des Kaisers Spur
Der grosse Sohn von Winterthur.
Der Advokat der Putschgenossen –
Zum Höfling ist er umgegossen.

Und hinterdrein der ganze Schwarm
Von Hofgesind, dass Gott erbarm!
Freisinnig-demokrat'sche Bäuche
Frisch eingedrillt auf Hofgebräuche.

Sie üben vor der Majestät
Den feinen Ton, so gut es geht,
Und wenn der Kaiser geruht, zu nicken,
so wird er alle hoch beglücken.

So währt es bis zum vierten Tag.
Die Freud' ich allen gönnen mag.
Mög' bei des Freisinns Grössen allen
Dem Kaiser es recht wohl gefallen.

---

[4] Volksstimme, 7. September 1912.

An den deutschen Kaiser Wilhelm II.[5]

Wir sind kein Volk von Kunst und Dichtern,
Wir sind ein harter Arbeitsschlag,
Es spielt die Pflicht mit scharfen Lichtern
Durch unsern schweren Werkeltag.

Doch heute leuchten Blumenreiser
An jedem Berg, an jedem Strand.
Willkomm' vieledler deutscher Kaiser!
Die Freude geht durch's Schweizerland.

Wir grüssen dich mit offnen Stirnen,
Doch inniglich so Greis wie Kind,
Wir alle, die im Schein der Firnen
Des Hochlands schlichte Söhne sind.

Und blühen wird in Bergesrunde
Die Schweiz, ein Eigenspiel der Welt,
Wenn uns in gut' und böser Stunde
Der deutsche Kaiser Freundschaft hält.

---

[5] Von Volksschriftsteller J.C. Heer, in: Schaer, Kaiser Wilhelm II., S. 5.

Im Hintergrund der Kaiser im Gespräch mit dem Manöverleiter Ulrich Wille.   *Stadtarchiv Wil*

forsches Draufgehen auf: «Das was diese Manöver uns und aller Welt gezeigt haben, ist, dass die Schweizer nicht mit sich spassen lassen, dass sie gewillt und imstande sind, die Grenzen ihres Vaterlandes ernsthaft zu verteidigen.»[45] Das Schweizer Milizsystem sei für die Schweiz das Richtige, aber nur für die Schweiz. In die gleiche Richtung gehen auch die Bemerkungen des Berliner Korrespondenten der «Neuen Zürcher Zeitung», welcher ebenfalls feststellte, dass das Milizsystem für die Schweiz wohl das Beste sei «für ein Volk, das von Jugend an sich dafür vorbereitet, und dass es für jede Nation, die nicht gleiche Veranlagung, gleiche Vorbereitung und gleichen Opfersinn dafür mitbringt, verhängnisvoll werden muss.» Trotz allem sei dem geübten Auge «hier und da eine leichte Unsicherheit in der Führung, ein unvorsichtiges Draufgehen im offenen Gelände, ein gelegentliches Versagen in Dingen, die lange Ausbildung erheischen», nicht entgangen. Gelobt wird die rasche und gute Umstellung vom Berufsleben auf das Soldatenleben, «die Manneszucht» und das «treffliche Einvernehmen zwischen Soldaten und Offizieren» sowie die hervorragenden Marschleistungen.[46] Kritischer beurteilt der militärische Berichterstatter des «Berliner Tageblatts» die Schweizer Armee. Gelobt wird das junge Offizierskorps, «um fast mehr als zehn Jahre jünger in den wichtigsten Dienstgraden als unseres, und körperlich von einer Rüstigkeit, die dem Felddienst ungemein zugute kommt.» Dieses günstige Urteil gelte aber nicht für die Unteroffiziere. Dem guten Willen stehe die «Kalamität der ungenügenden Selbständigkeit» gegenüber. Die bessere Bildung und der dienstliche Eifer des Milizoffiziers drücke «den Unteroffizier gewissermassen

---

45 Zit. nach: Neue Zürcher Zeitung, 9. September 1912, Drittes Morgenblatt.
46 Zit. nach: Neue Zürcher Zeitung, 10. September 1912, Drittes Abendblatt.

Schweizer Manöver 1912
General von Plessen, Oberst Wille, Kaiser Wilhelm II, General Beyers

Von rechts: General von Plessen, Oberstkorpskommandant Wille, General Beyers und der Kaiser.
Stadtarchiv Wil

an die Wand». Aber, so meint der Berichterstatter weiter: «Der Schweizer Bürger wird durch die tüchtige Eigenart seiner Offiziere zu einem höchst annehmbaren Soldaten gemacht».[47]

Weitaus kritischer als die deutschen waren die französischen Kommentare zum Manöver des III. Armeekorps. Immerhin meinte der «Figaro» am 5. September, dass die Schweizer sich rühmen könnten, aus dem Milizsystem zu machen, was man daraus machen könne. Wichtige Faktoren wären die Schiessübungen auch ausserhalb der Dienstzeit und der gute körperliche Zustand: «Die Rasse ist kernhaft und kräftig»… «Diese Bergbewohner sind vorzügliche Fussgänger, die jeder Ermüdung trotzen.»[48]

> «Man muss es immer wieder sagen. Die Milizen sind nicht fähig, einer Berufsarmee zu widerstehen. Die Schweizer Armee kann in gebirgigem Gelände den Vormarsch eines Feindes verzögern, aber niemals zu einem Siege führen.»[49]

Interessant ist das Interview des Pariser Korrespondenten der «Neuen Zürcher Zeitung» mit einem französischen General, welcher allerdings anonym bleiben wollte. Auf die ausdrückliche Bitte des Korrespondenten, sich doch bitte kritisch zu äussern, meinte der fran-

---
47 Zit. nach: Neue Zürcher Zeitung, 9. September 1912, Drittes Morgenblatt.
48 Figaro, 5. September 1912.
49 La France, 8. September 1912.

zösische Offizier: «Vom taktischen Standpunkte aus lässt die Leitung ihrer Manöver in mehrfacher Beziehung zu wünschen übrig. Ich möchte besonders die Tatsache hervorheben, dass die Formationen in aufgelöster Ordnung mir zu ausgedehnt erschienen; man merkt hier den Einfluss der deutschen Methoden. Ohne Zweifel ist die Theorie der weiten Entfaltung unter gewissen Umständen gut anzuwenden, allein sie darf nicht ausschliesslich befolgt werden». Dem Generalstab fehle eine regelmässige praktische Gelegenheit zur Truppenführung. «Der nämliche Übelstand besteht fast für die Gesamtheit Ihres Offizierskorps.» Deshalb empfehle er eine ausgedehnte Kritik der Manöver [die Manöverkritik fand ja nicht statt!]:

Infanteriestellungen, Artillerie und dahinter Zuschauer. *Gemeindearchiv Kirchberg*

«Ebenso kann ich Ihnen nicht genug eine praktische Übung des 'Kriegsspiels' empfehlen, wie wir es in unseren höheren Kriegsschulen eingeführt haben». Auch die Unteroffiziere sollten intensiver ausgebildet werden. Die Leistung der Infanterie bezeichnete er als «ausgezeichnet». Sie besitze «in hohem Grade Widerstandsfähigkeit, Feuerdisziplin und Marschtüchtigkeit». Die Artillerie lasse hingegen zu wünschen übrig. Die Kavallerie habe nur eine unbedeutende Rolle gespielt. Besonders kritisierte er die schlechte Nachrichtenübermittlung. «Man sollte ohne Verzug die militärische Radiotelegraphie einführen, die in einem so hügeligen Lande, wie die Schweiz ist, wo die rasche Aufstellung von Telegraphen- und Telephondrähten oft grossen Schwierigkeiten begegnet, die besten Dienste leisten würde. Und man sollte sich auch langsam mit der Einführung von Luftschiffen befassen.» Abschliessend stellte der französische General dann aber doch fest, dass «das schweizerische Heer auf der Höhe seiner Aufgabe, das Vaterland zu verteidigen» wäre. Die Armee wäre so wirksam, «dass jeder der Kriegsführenden sich wohl bedächte», ehe er sich auf Schweizer Gebiet wagen würde.[50] In eine ähnliche Richtung geht ein Kommentar in der Pariser Zeitung «Matin», welchen das «St.Galler Tagblatt» wortwörtlich übersetzte und abdruckte: «Wenn die grossen Manöver überall nur ein sehr schiefes Bild des Krieges geben, dann gilt dies besonders für die Schweiz. Die Soldaten sind ausgezeichnete Schützen, aber was bleibt von diesen Vorzügen, wenn man nicht scharf schiesst? Ich war überrascht von der Neutralität der Kavallerie. Wie es schien nahmen zehn Eskadronen an den Manövern teil. Sie waren vielleicht nicht in die Aktion verwickelt, aber man hätte doch wenigstens Patrouillen sehen müssen. Dagegen waren alle Gipfel in dichten Massen von Infanterie besetzt.» Zum Milizsystem hiess es im «Matin»: «Es ist schwer, in einigen Übungsperioden einen guten Offizier auszubilden. Es gibt in der Schweiz Korpskommandanten, die zugleich Fabrikanten sind. Darüber ergibt sich eine Ungewissheit und Verwirrung besonders in den Subalternkommandos. Diese Mängel machen sich besonders bei der Ausnutzung des Terrains geltend.»[51] Das «St.Galler Tagblatt» war entrüstet ob dieses Kommentars!

Oberstkorpskommandant Ulrich Wille im Fond seines Wagens beim Bahnhof Wil.

Bibliothek am Guisanplatz Bern: A 1706

---

50 Neue Zürcher Zeitung, 20. September 1912, Drittes Morgenblatt.
51 St.Galler Tagblatt, 7. September 1912, Morgenblatt.

> Ein Soldat namens Zimmermann von Utzwil, dem Bataillon 79 angehörend, der sich im Vorkurs in Mettlen befand, wurde am Samstag plötzlich tobsüchtig, so dass er von der Mannschaft gefesselt werden musste. Es gelang jedoch dem Rasenden, die Fesseln zu zerreissen, so dass er abermals unschädlich gemacht werden musste. Er wurde nach dem kantonalen Asyl in Wil verbracht.»[52]

In der **italienischen Presse** stechen die Berichte und Aussagen des italienischen Generals Giorgio Bompiani hervor. Er verfolgte als Sonderberichterstatter des «Corriere della Sera» die ganzen Manöver vor Ort. Zur Frage der Milizarmee meinte er am 5. September, dass der grösste Nachteil die Kürze der Grundausbildung wäre, immerhin aufgewogen durch eine positive Vorbereitung der Jugend auf den Militärdienst und häufige spätere Einberufungen. Auch schaue der Schweizer von Haus aus auf Ordnung und habe Achtung vor der Disziplin.[53] Bompiani äusserte sich am 10. September auch im St.Galler Tagblatt zu den Manövern. Dem General imponierten vor allem die Marschleistungen gewaltig, «insbesondere jene der 5. Division, die den Marsch über den Hulfteggpass in ausgezeichneter Weise bewältigte.» Bei der 6. Division war es vor allem «der sehr ausgiebige Schritt der Truppen», als sie durch Wil

Der deutsche Kaiser im Gespräch mit General Beyers.   *Bibliothek am Guisanplatz Bern: A 1706*

---

52 Berner Intelligenzblatt, 3. September 1912, Erstes Blatt.
53 Neue Zürcher Zeitung, 5. September 1912, Zweites Abendblatt.

marschierten – welchen man «bei den italienischen Alpini... leider bis jetzt noch vermissen müsse.» Bei der Artillerie gefiel ihm «die forsche und entschlossene Art und Weise, wie in die Stellungen gefahren» wurde. Er bemerkte aber weiter, dass von der Kavallerie «nicht viel zu sehen war», da sie kaum zum Einsatz kam.[54]

> «In der Gegend von Tiefrüti, wo der Kaiser zu Fuss ging, um sich die verschiedenen Stellungen zu besichtigen, ging er auch ohne von den Soldaten erkannt zu sein, zum einen oder andern hin und liess sich verschiedene Auskunft geben über Zielrichtung, Schanzengräben, das Gewehr, usw. Ein Soldat, der dem Kaiser Auskunft geben musste, redete ihn dann mit Herr «Hauptmann» an.»[55]

Die Kommentare der österreichisch-ungarischen Presse gingen in die gleiche Richtung wie jene der deutschen. Interessant sind die Bemerkungen des österreichischen Kriegsministers, General von Auffenberg, zum Schweizer Milizsystem, nachdem die Sozialdemokraten angeregt hatten, auch in Österreich-Ungarn die Einführung eines solchen zu prüfen: «Für die Schweiz eignet sich ohne Zweifel das Milizsystem sehr gut. Es ist dort eine durchaus patriotische und nach einem Ziel strebende Bevölkerung, eine ideale, in den Traditionen wurzelnde kriegerische Jugenderziehung, speziell im Schiesssport... Weiters finden wir dort ein allseitiges intensives militärisches Interesse... Die Schweiz ist ein kleines Land, mit vorzüglichen Kommunikationen, die nach richtigen strategischen Grundsätzen angelegt sind, und wo der liebe Gott noch die mächtigsten Bollwerke errichtet hat, die es auf der Welt gibt und wo übrigens auch noch die Ingenieurkunst mitgewirkt hat, um diese Bollwerke zu verstärken. Schliesslich noch die allseits garantierte Neutralität und trotzdem ein recht kräftiges Heeresbudget mit 26 Prozent... Wenn Sie mir diese Grundbedingungen schaffen, dann bin ich der erste, der auch in Österreich für das Milizsystem propagiert.»[56]

---

54 St.Galler Tagblatt, 10. September 1912, Morgenblatt.
55 Der Alttoggenburger, 6. September 1912.
56 Abgedruckt in: Der Alttoggenburger, 1. November 1912.

3. Die Schweizer Armee vor dem Ersten Weltkrieg

Der Schweizerische Bundesrat im Jahr 1912. *Kantonsbibliothek Vadiana St.Gallen*

Bis 1798 verfügte die Schweizerische Eidgenossenschaft über keine gesamteidgenössisch organisierte und geführte Armee. Das Militärwesen war Sache der einzelnen Orte. Erst die Niederlage gegen die Armee der Französischen Republik beendete diese alte Wehrorganisation und öffnete den Weg hin zu einer Gesamtarmee. Wie diese organisiert sein sollte und was für eine Rolle dabei der Bund und die Kantone wahrnehmen sollten, war eine der zentralen politischen Fragen während des ganzen 19. Jahrhunderts. Erst die Bundesverfassung von 1874 übertrug dem Bund zum ersten Mal die Verfügung über das Bundesheer und überliess den Kantonen im Bereich des Militärwesens nur noch wenige Kompetenzen. Der Versuch, das Militärwesen gänzlich zu zentralisieren, scheiterte zweimal in Volksabstimmungen (1872 und 1895).[1]

Reformen und Neuerungen

Mit einer neuen Militärorganisation wurde 1907 als Reaktion auf die Abstimmungsniederlage von 1895 ein Kompromiss in der Frage der Kompetenzen zwischen Bund und Kantonen gefunden (MO 1907).[2] Diese wies dem Bund die oberste Leitung des Armeewesens und die

---

1   Historisches Lexikon der Schweiz.
2   Sprecher, Generalstabschef, S. 274: Das neue Wehrgesetz wurde am 3. November 1907 mit 329'953 gegen 267'605 Stimmen angenommen.

Oberaufsicht über die kantonalen Militärverwaltungen zu. Die Kantone stellten die Truppen der Infanterie, die Dragonerschwadronen sowie die Verbände des Landsturms und des Hilfsdienstes. Sie waren ebenfalls zuständig für die Ernennung der Offiziere ihrer Truppen. Die Bildung der übrigen Armeeeinheiten war Sache des Bundes, ebenfalls die Beschaffung der Waffen, der Korpsausrüstung und des übrigen Kriegsmaterials der gesamten Armee. Im Gegenzug hatten die Kantone für die persönliche Ausrüstung sowohl ihrer Verbände als auch der eidgenössischen Truppen aufzukommen. Die Pflicht zum Militärdienst begann mit dem 20. und endete mit dem 48. Lebensjahr, wobei die Armee in folgende Heeresklassen eingeteilt war:

Auszug: 20. bis 32. Altersjahr
Landwehr: 33. bis 40. Altersjahr
Landsturm: 41. bis 48. Altersjahr

Die MO 1907 regelte auch die ganze Ausbildung neu und stellte den militärischen Vorunterricht auf eine freiwillige Basis. Der Oberbefehlshaber im Aktivdienst erhielt zur Erreichung des vom Bundesrat festzulegenden Endzwecks weitgehende Vollmachten. Der Territorialdienst wurde dem Militärdepartement unterstellt.[3]

Theophil Andreas Luzius Sprecher von Bernegg[4]

Geboren am 27. April 1850 in Maienfeld
Gestorben am 6. Dezember 1927 in Walenstadt

Generalstabschef Theophil Sprecher von Bernegg.
Sprecher, Generalstabschef, Umschlag

---

3   Zur Militärorganisation von 1907 siehe: Historisches Lexikon der Schweiz; Sprecher, Generalstabschef, S. 272–276.
4   Zu Theophil Sprecher von Bernegg siehe: Sprecher, Generalstabschef.

Sohn von Landammann Anton Herkules Sprecher von Bernegg.

Nach dem Gymnasium in Basel und Schiers Studium der Land- und Forstwirtschaft an der Forstlichen Hochschule Tharandt, dann der Staatswissenschaften an der Universität Leipzig. Nach dem Tod des Vaters Übernahme der Familiengüter in Maienfeld.

Verwaltungsrat der Vereinigten Schweizer Bahnen, Abgeordneter im Grossen Rat Graubündens, Mitglied und Präsident des Bezirksgerichts Unterlandquart, Mitglied und Präsident des Verwaltungsrates der Rhätischen Bahn, Mitglied des bündnerischen Kantonsgerichtes, Reorganisator des «Bündner Tagblatts» und führender Kopf der anfänglich überkonfessionellen Bündner Konservativ-demokratischen Partei.

Nach seinem Rücktritt aus der Armee engagierter Kämpfer für eine integrale bewaffnete Neutralität und gegen einen Beitritt der Schweiz zum Völkerbund.

1871: Gemeinderat von Maienfeld
1877: Stadtpräsident
1880: Hauptmann im Generalstab
1881: Verwaltungsrat der Bank für Graubünden
1882: Landammann des Kreises Maienfeld
1891: Oberst im Generalstab
1897: Kommandant der Infanterie-Brigade 16
1901: Oberstdivisionär und Kommandant der Gotthardbefestigungen
1902: Kommandant der 8. Division
1905: Chef der Generalstabsabteilung
1909: Kommandant des IV. Armeekorps
1914-19: Chef des Generalstabs der Schweizer Armee

Ulrich Wille stellt dem Kaiser zwei seiner Söhne, einen Schwiegersohn und dessen Bruder vor – alle Offiziere der Schweizer Armee. Worauf der Kaiser meint: «Danke, danke, das Milizsystem hat wirklich einen sehr familiären Zug...».
Nebelspalter, 31.8.1912

Vier Jahre später wurden auch die innere Organisation und strategische Ausrichtung der Armee neu geregelt. Die Truppenordnung (TO) von 1911 trat als eigenes Gesetz 1912 in Kraft. Die Zahl der Armeekorps wurde von vier auf drei und die Zahl der Divisionen von acht auf sechs reduziert. Die Divisionen bestanden aus drei Brigaden zu je zwei Regimentern. Die Korps- und Divisionskommandanten waren neu Berufsoffiziere. Die Verantwortung für eine einheitliche Ausbildung und die Kriegsbereitschaft der Verbände oblag den Korpskommandanten. Die Landwehrtruppen blieben in Brigaden und Regimentern organisiert, wurden aber aus den Verbänden des Auszugs ausgegliedert und unterstanden neu direkt dem Armeekommando. Mit der Truppenordnung von 1912 entstanden auch neue Verbände: spezialisierte Gebirgstruppen und Mitrailleurs-Formationen.

Die Schlagkraft der Schweizer Armee wurde bis zum Ersten Weltkrieg bedeutend gesteigert. Dies war nicht nur das Resultat der verschiedenen Reformen, sondern hing auch damit zusammen, dass für die Armee immer mehr ausgegeben wurde. Die Militärausgaben stiegen von 20.5 Millionen im Jahr 1899 auf 44 Millionen im Jahr 1911.

Bundesrat Hoffmann und seine vier Oberstkorpskommandanten. *Kantonsbibliothek Vadiana St.Gallen*

Die Armee bestand 1912 aus 281'000 Mann regulären Truppen und 200'000 Mann Hilfsdiensteinheiten. Ausserdem wurden die Befestigungen am Gotthard und bei Saint-Maurice im Wallis für rund sechs Millionen Franken ausgebaut.[5] Die Schweizer Armee erhielt ab 1912 auch neue Waffen, so zum Beispiel den Karabiner 11 (mit der Munition GP 11) und das Maschinen-

---

5   Bonjour, Neutralität, Bd. 2, S. 550.

gewehr MG 11, welches zuerst als Maschinengewehr «Maxim» bei den Festungstruppen und der Kavallerie Eingang fand und dann als Lizenzprodukt auch bei der Infanterie eingeführt wurde.[6]

Die Richtungskämpfe

Die Frage der Kompetenzen zwischen dem Bund und den Kantonen war nicht die einzige grundlegende Diskussion, welche in der Schweiz in Sachen Militärorganisation geführt wurde. Weitaus tiefgreifender war die Auseinandersetzung um die Frage der Ausbildung und der «inneren Werte» der Schweizer Milizarmee. Im Vorfeld der Inkraftsetzung der Truppenordnung von 1912, in erster Linie das Werk von Sprecher von Bernegg[7], wurde heftig gestritten und argumentiert – nicht nur in der Politik und in der Presse, sondern auch im schweizerischen Offizierskorps. Auf der einen Seite Korpskommandant Sprecher von Bernegg mit seinem Generalstab, auf der anderen Seite Korpskommandant Ulrich Wille mit «seinen» Offizieren.

> Ulrich Wille schrieb am 1. September 1914 an seine Frau:[8]
> «Jetzt wird vollendet, was damals [1870] eingeleitet worden ist: Die Suprematie Deutschlands, d.h. deutschen Wesens über die ganze Welt. Mein ganzes Herz ist auf der Seite Deutschlands.»

Für Wille war eine neue Armeeorganisation weder dringend noch unbedingt nötig, das Wichtigste war und blieb die «Truppenausbildung». Er trat für eine konsequente Modernisierung der Schweizer Armee nach preussischem Vorbild ein. Ziel der Ausbildung der Milizsoldaten sollte dabei die Erziehung des Bürgers zum modernen Soldaten mittels Drill und Disziplin sein. Damit geriet er in Konflikt mit den Anhängern der traditionellen Bürgerarmee, die Willes Methoden für unvereinbar mit einem demokratischen Staatswesen hielten und von einer «Verpreussung» der Armee und von «Soldatenschinderei» sprachen. Nach Jaun waren es vier zentrale Elemente, welche Wille als wichtig anschaute: erstens die klare Unterscheidung zwischen dem Status als Staatsbürger und jenem als Soldat, zweitens die Funktion der militärischen Disziplin als «Angewöhnung» und «moralische Zucht», drittens die Aufrechterhaltung der Disziplin durch das «richtige Benehmen» der Vorgesetzten und viertens der Verweis auf den Sieg der deutschen Truppen im Deutsch-Französischen Krieg 1870 als Legitimation für dringend nötige Reformen in der Ausbildung.[9] Drill war für Wille nicht der Sinn und Zweck des militärischen Daseins, aber das einzig richtige Mittel, um die nötige militärische «Erziehung» zu erreichen.

---

6 Historisches Lexikon der Schweiz.
7 Sprecher, Generalstabschef, S. 276-292.
8 Schwarzenbach, Ulrich Wille, S. 72.
9 Jaun, Erziehung, S. 225.

Die Auseinandersetzung im Nationalrat um den militärischen Drill von Ulrich Wille.
Nebelspalter, 15.6.1912

Conrad Ulrich Sigmund Wille[10]

Geboren am 5. April 1848 in Hamburg
Gestorben am 31. Januar 1925 in Meilen ZH

Die Familie Wille (Vuille) stammte ursprünglich aus dem heutigen Kanton Neuenburg. Ende des 18. Jahrhunderts Auswanderung nach Zweibrücken in Deutschland. Ulrich war der zweite Sohn des François Johann Arnold Wille (1811-1896) und der Eliza, geborene Sloman (1809-1893). 1849 kehrte François Wille, Journalist und Mitglied des Frankfurter Parlaments, als Folge der gescheiterten liberalen Revolution, in die Schweiz zurück. Im Herbst 1851 Übersiedlung der Familie in ein stattliches Landgut bei Meilen am Zürichsee. «Mariafeld» wurde ein Treffpunkt deutscher Emigranten.

Wille war mit Clara Gräfin von Bismarck (1851–1946), der Tochter von Friedrich Wilhelm Graf von Bismarck, verheiratet und hatte zwei Töchter und drei Söhne. Ulrich Wille junior wurde wie sein Vater Korpskommandant. Eine seiner Töchter war die Fotografin Renée Schwarzenbach-Wille. Sie wiederum war die Mutter der Schriftstellerin Annemarie Schwarzenbach.

Ulrich Wille publizierte zahlreiche Schriften über die – seiner Meinung nach – dringliche Reform der Schweizer Armee, besonders in der von ihm 1880 übernommenen «Zeitschrift für die schweizerische Artillerie».

1867: Artillerie-Aspirantenschule
1869: Abschluss des Jurastudiums in Heidelberg
1870: Instruktor bei der Artillerie
1872: Nach dreimonatigem Aufenthalt beim 1. Preussischen Artillerie-Garderegiment Artillerie-Instruktor in Thun
1883: Ernennung zum Oberinstruktor der Kavallerie, Oberstleutnant; Reorganisation der Kavallerie
1885: Oberst
1896: Rücktritt aus allen Ämtern nach «Markwalderaffäre»[11]. Der Versuch einer politischen Karriere misslingt, Wille unterliegt bei der Wahl zum Zürcher Stadtrat und als Nationalratskandidat der Freisinnigen
1900: Wiedereinstieg in die Armee als Kommandant der 6. Division
1901-14: Redaktor der Allgemeinen Schweizerischen Militärzeitung (ASZM)
1904: Kommandant des 3. Armeekorps
1907: Wahl zum ETH Professor, Neuorganisation der Instruktorenausbildung
1914: Am 3. August wird Ulrich Wille von der Vereinigten Bundesversammlung zum General gewählt
1918: Wille tritt am 11. Dezember als General zurück

---

10 Zu Ulrich Wille siehe: Fuhrer/Strässle, General Ulrich Wille.
11 Ernennung von Oberst Traugott Markwalder zum Kommandanten einer Artilleriebrigade gegen den Willen von Ulrich Wille, vgl.: Fuhrer, Markwalderaffäre.

Ulrich Wille vor seinem Gut Mariafeld in Meilen.
Fuhrer/Strässle, General Ulrich Wille, Abb. VII

«Oberstes Gesetz unser **Wille».**
Nebelspalter, 15.6.1912

Die Person Ulrich Willes war zu seinen Lebzeiten heftig umstritten und blieb es bis heute. Die «Berner Tagwacht» schrieb schon am 22. Februar 1896: «Oberst Wille ist nicht unser Mann; wir können seinen Eifer, mit dem er die Offiziere der Kavallerie zu aristokratischen Gigerl» erzogen hat, nicht entschuldigen. Er wurde als «menschenverachtender Drillmeister» und «Soldatenschinder», der «unbedingten Gehorsam» verlangte, bezeichnet. In den Augen vieler betrieb er einen «Männlichkeitskult» und kopierte «undemokratisch» das preussische Heerwesen.[12] Auch für Niklaus Meienberg war der General eine «Kriegsgurgel», ein «Eisenfresser», ein «Soldatenschinder» und ein «Militärkopf».[13] Trotz aller Kritik an seiner Person wurde die Bedeutung von Ulrich Wille als Baumeister des modernen Schweizer Heeres nie bestritten.[14]

Peter Braun und Christian Bühlmann haben 2006 in ihrem Aufsatz über die «Schweizerische Militärdoktrin»[15] dargelegt, dass der Konzeptionsstreit über die Ausrichtung der Armee

---

12 Fuhrer/Strässle, General Ulrich Wille, S. 13.
13 Meienberg, Die Welt als Wille und Wahn.
14 Senn, Wille, S. 301.
15 Siehe dazu: Braun/Bühlmann, Militärdoktrin.

bis heute andauert, und dass hinter dieser Diskussion um die richtige «Militärdoktrin» immer noch die gleichen zwei Grundsatzmodelle stehen: Auf der einen Seite eine möglichst nahe am Volk orientierte und möglichst lokal oder regional orientierte Bürgerarmee, auf der anderen Seite eine möglichst professionalisierte Bundesarmee, welche über die gleichen Möglichkeiten und Ressourcen verfügt wie moderne Berufsarmeen.

General Ulrich Wille und der Erste Weltkrieg

Beim Ausbruch des Ersten Weltkriegs wäre eigentlich Theophil Sprecher von Bernegg als General vorgesehen gewesen.[16] Dieser verzichtete aber im Verlaufe einer intrigenbelasteten Wahl und nach einer persönlichen Unterredung mit Ulrich Wille auf die Generalswürde und übernahm innerhalb der Armeeleitung die Position des Generalstabschefs. Die Wahl Willes zum General stiess in der Romandie und bei den Sozialdemokraten auf keine grosse Sympathie. Er polarisierte vor allem wegen seiner offenen Sympathie für das Deutsche Kaiserreich, seiner harten Linie in Disziplinfragen und seinen autoritären Staatsvorstellungen. Im Übrigen waren die Sympathien für die deutsche Seite bei Sprecher von Bernegg kaum kleiner.

Aus den seit geraumer Zeit zugänglichen Geheimprotokollen des Bundesrates weiss man heute, dass die oberste Landesbehörde im Oktober und November 1917 intensiv über die Absetzung des Generals diskutierte.[17] In der obersten Armeeführung waren immer häufiger Zweifel laut geworden, ob Ulrich Wille aufgrund einer zunehmenden Senilität noch in der Lage wäre, die Armee zu führen. Der Bundesrat befragte verschiedene Personen zum Sachverhalt, unter anderem die Armeeärzte Oberst von der Mühll und Oberst Hauser, den Leibarzt des Generals, Dr. Aepple, und den Zürcher Psychiatrieprofessor und Sanitätsmajor Hans W. Maier. Mit Ausnahme von Sprecher von Bernegg, welcher sich zugunsten des Generals äusserte, plädierten die Befragten mehr oder weniger deutlich für eine Absetzung. Überraschenderweise verzichtete der Bundesrat am 30. November 1917 auf die Umsetzung seines bereits gefassten Beschlusses zur Absetzung. Der Hauptgrund scheint der Tod des als Nachfolger vorgesehenen Oberstkorpskommandanten Alfred Audéoud gewesen zu sein. Die Frage, ob der Grund für den Absetzungsversuch tatsächlich Senilität war, oder ob die Deutschfreundlichkeit des Generals in der Endphase des Ersten Weltkrieges zu einer nicht mehr tragbaren Belastung geworden war und man ihn deshalb loswerden wollte, lässt sich immer noch nicht schlüssig beantworten.

---

16   Zur Frage der Generalswahl siehe vor allem: Mittler, Der Weg, S. 620-628.
17   Zur Frage der Abwahl des Generals siehe vor allem: Mörgeli, General Wille.

Brief von Ulrich Wille an den Zürcher Stadtpräsidenten vom 1. August 1912.
Stadtarchiv Zürich: V.L.72-6

4. Die Ostschweiz um 1912

Der Beginn des 20. Jahrhunderts war geprägt von einem rasanten wirtschaftlichen Wachstum. Federführend war die Textilindustrie. Rund die Hälfte aller in der Industrie Beschäftigten arbeitete in dieser Branche. 1910 exportierte die Schweiz Rohstoffe und Produkte im Gesamtwert von 1'196 Millionen Franken. Der Anteil der Textilindustrie lag bei 592 Millionen Franken, machte also ziemlich genau 50 % des Gesamtexports aus. Bei den Textilprodukten wiederum waren es die Stickereien und Spitzen, welche fast 205 Millionen Franken zum Exportumsatz beisteuerten.[1]

Kirchberg im Stickereirausch

Die Zahl der Handstickmaschinen im Kanton St.Gallen betrug 1910 total 9'290 (7'493 bei Handstickern, 1'797 in Fabriken), jene der Schifflistickmaschinen insgesamt 3'217 (220 bei Einzelstickern, 2'997 in Fabriken).[2] Die Bedeutung dieser Zahlen wird noch gewichtiger, wenn man zur Kenntnis nimmt, dass im Rest der Schweiz nur noch weitere 6'381 Handstick-

Eine Handstickmaschine in der Gemeinde Kirchberg. *Gemeindearchiv Kirchberg: Fotosammlung*

---

1 Statistisches Jahrbuch der Schweiz 1911, S. 124-135.
2 Industriestatistik 1910, S. 128.

maschinen (davon Appenzell 2'556 und Thurgau 2'664) und 2'402 Schifflistickmaschinen (davon Appenzell 184 und Thurgau 1903) zu finden waren.³ Die Gemeinde Kirchberg wiederum spielte innerhalb der Stickereiindustrie des Kantons St.Gallen mit 714 Handstickmaschinen und 57 Schifflistickmaschinen eine wichtige Rolle.⁴

Die Einführung der Schifflistickmaschine mit Motorenantrieb führte innerhalb der äusserst dynamischen Stickereibranche zu Veränderungen. Um die Wende vom 19. zum 20. Jahrhundert etablierten sich an verschiedenen Orten grosse Stickerei-Etablissements, zum Beispiel die Feldmühle AG in Rorschach mit mehr als 1'000 Beschäftigten (1905) oder die Stickfabrik Isidor Grauer in Degersheim mit rund 500 Fabrikangestellten und 200 Heimstickern (1900). Auf der anderen Seite wurde die Handstickerei immer mehr eine Sache der Einzelsticker. Standen 1876 noch drei Fünftel der Handstickmaschinen in Fabriken, so waren 1910 bereits rund 80 % der Maschinen bei Einzelstickern zu finden.⁵

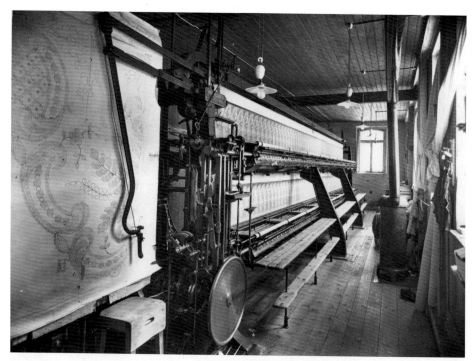

Die Einführung der Schifflistickmaschinen erhöhte die Produktivität enorm.
Gemeindearchiv Kirchberg: Fotosammlung

---

3 Industriestatistik 1910, S. 128-132
4 Ebenda S. 64 und 72.
5 Sankt-Galler Geschichte, Bd. 6., S. 24f.

Die Dynamik der Stickereibranche führte zu grossen gesellschaftlichen und sozialen Veränderungen. Nach der Eroberung des amerikanischen Marktes Mitte der 1860er Jahre wurde die Nachfrage nach Stickereiartikeln so gross, dass jeder, der wollte, mit dem Sticken begann. Viele Kleinbauern und Handwerker verlegten sich damals auf die Heimstickerei. Mischformen von Erwerbstätigkeit wurden die Regel und die Bedeutung der Landwirtschaft als alleinige Ernährungsgrundlage nahm stark ab. Die spezielle Organisationsform der Stickereiindustrie (Exporteur/Fabrikant – Fergger – Heimsticker/Fabriksticker) bot die Möglichkeit zu schnellem sozialem Aufstieg, vernichtete aber auch Existenzen, wenn man «versagte». Die Exporteure und Fabrikanten bestimmten das Geschehen. Sie konnten das jederzeit verfügbare Arbeitskräftereservoir nach Belieben nutzen und die Stichpreise je nach Nachfrage frei festlegen. Die kleinen Einzelstickereien wurden als Heimbetriebe geführt. Jeder in der Familie hatte mitzuarbeiten – bei Bedarf wurden weitere Verwandte oder Fremdpersonen beigezogen. Da diese Kleinbetriebe nicht dem Fabrikgesetz unterstanden, war Kinderarbeit beinahe die Regel.

Bauboom und Pioniergeist

Die Hochkonjunktur und der allgemeine Wohlstand hatten zur Folge, dass im Kanton St.Gallen ein regelrechter Bauboom ausbrach. Zwischen 1895 und 1914 stiegen die Investitionen im Hochbau im Kanton St.Gallen um das Vierfache. Überall wurde gebaut: Wohnhäuser, Geschäftshäuser, Gewerbebetriebe, Villen, aber auch eine Vielzahl öffentlicher Bauten. In den kleineren und grösseren Industriezentren des Kantons führte die ausgedehnte Bautätigkeit zu einem starken Siedlungswachstum. In den Dörfern im Toggenburg und Rheintal wurden die meisten Bauernhäuser durch den Anbau eines «Lokals» für eine oder mehrere Stickmaschinen ergänzt und neue «Stickerhäuser» erstellt. Wer baute, baute zu dieser Zeit immer mit «Lokal».[6]

Das letzte Viertel des 19. Jahrhunderts und die Jahre des 20. Jahrhunderts bis zum Ersten Weltkrieg waren eine Zeit des Aufbruchs und der Euphorie. Infrastruktur-, Verkehrs- und Energieprojekte schossen aus dem Boden wie Pilze. Viele dieser Pionierprojekte waren zu verwegen oder zu teuer und wurden nicht realisiert, einige aber schon. Stellvertretend für diesen Pioniergeist werden im Folgenden drei Projekte vorgestellt. Die Idee einer Strassenbahn von Wil nach Kirchberg, das Projekt der «Hörnlibahn» und der Bau des Rickentunnels. Nur das letzte Projekt konnte realisiert werden.

---

6   Sankt-Galler Geschichte, Bd. 6, S. 98-101.

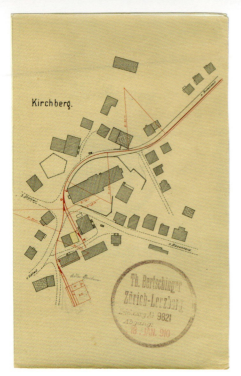

Situationsplan des Dorfzentrums Kirchberg. Rot eingezeichnet die Linienführung und das Depot der geplanten Strassenbahn.
Gemeindearchiv Kirchberg: Akten 71.52

Strassenbahn Kirchberg-Wil[7]

Treibende Kraft für eine solche Schmalspurbahn zwischen dem Bahnhof Wil und Kirchberg war der ortsansässige initiative Wirt des Restaurants «Adler», Meinrad Morant. Er hielt bereits 1906 einen Vortrag zu diesem Thema. Bis 1910 wurden verschiedene Varianten geprüft. Ein Ingenieur der SBB und Ingenieur Bertschinger aus Zürich plädierten für eine Bahn mit Dampfbetrieb, die Firma Saurer aus Arbon schlug einen «Omnibus auf Schienen» vor. Bezüglich der Linienführung entbrannte innerhalb der Gemeinde eine heftige Auseinandersetzung. Die einen wollten eine Verbindung von Wil über Rickenbach und Bazenheid nach Kirchberg, andere bevorzugten den Bau einer Strassenbahn von Oberbazenheid nach Kirchberg und die Monatsgesellschaft Bazenheid setzte sich sogar für eine Bahn von Bazenheid über Kirchberg bis nach Fischingen ein. Schliesslich erhielt Bertschinger 1910 den Auftrag, ein Projekt für eine Strassenbahn von Wil nach Kirchberg auszuarbeiten.

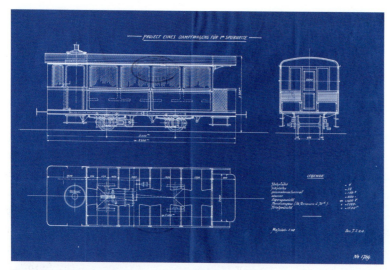

Zeichnung eines Dampfwagens der geplanten Strassenbahn.
Gemeindearchiv Kirchberg: Akten 71.52

---

7 Gemeindearchiv Kirchberg: Akten 71.52.

Geplant war eine Linienführung vom Bahnhof Wil über die untere Bahnhofstrasse und die Toggenburgerstrasse nach Rickenbach. Auch die Geleise zwischen Rickenbach und Kirchberg sollten auf der – allerdings um zwei Meter verbreiterten – Strasse verlaufen. Der Fahrplan sah täglich 14 Verbindungen vor (von 7.05 Uhr bis 22.15 Uhr), die Fahrzeit betrug aufwärts 37 und abwärts 28 Minuten. Die Strassenbahn hatte auf einer Länge von 6'650 Metern bei einer Spurweite von einem Meter Maximalsteigungen von 7.5 % zu überwinden. Die maximale Geschwindigkeit betrug 20 Stundenkilometer. Bei der Variante mit elektrischen Wagen rechnete man mit Gesamtkosten von 550'000 Franken, bei einer Ausstattung mit Dampfwagen mit solchen von 450'000 Franken.

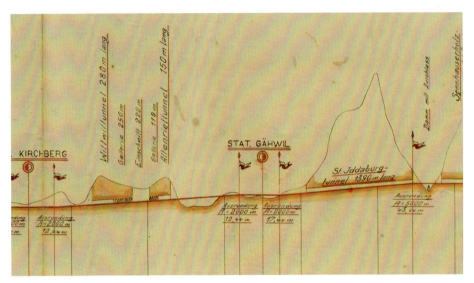

Ausschnitt aus dem Längenprofil der «Hörnlibahn», dem Wittwilertunnel, dem Altenriettunnel und dem St. Iddaburgtunnel. *Gemeindearchiv Kirchberg: Akten 71.51*

Hörnlibahn[8]

Zwischen 1910 und 1912 erhitzten sich die Gemüter im unteren Toggenburg und im Tösstal an der Idee einer Bahnlinie zwischen Wil und Steg. Auslöser der ganzen Diskussion war eine Abhandlung in den «Zürcher Nachrichten» zu einem solchen Projekt. Wie schon beim Strassenbahnprojekt waren die Vorstellungen zu einer möglichen Linienführung ganz unterschiedlich. Ingenieur G. Keller setzte sich im «Alttoggenburger» für eine Verlängerung der Bahn Konstanz-Wil über Kirchberg-Gähwil-Mühlrüti nach Steg ein. Aus dem Zürcher Oberland kamen drei Vorschläge für die Linienführung einer solchen Bahnverbindung. Die Idee einer «Hörnlibahn» kam über das Vorprojektstadium aber nicht hinaus. Der Ausbruch des Ersten Weltkrieges setzte allen Diskussionen ein Ende.

---

8   Gemeindearchiv Kirchberg: Akten 71.51.

Blick in den im Bau befindlichen Rickentunnel.
Ortsarchiv Wattwil: Fotosammlung

Rickentunnel

Die Bahnverbindung zwischen Wil und Ebnat wurde bereits 1870 eröffnet. Diese «Toggenburgerbahn» galt aber schnell als unzureichend für den stark wachsenden Personen- und Güterverkehr. Vor allem die immer wichtigere regionale Textilindustrie verlangte nach besseren und häufigeren Verbindungen. Der Degersheimer Stickereifabrikant Isidor Grauer kämpfte seit den 1880er Jahren für eine Bahnverbindung Romanshorn – St.Gallen – Wattwil – Zug. Lange und harte Auseinandersetzungen um die genaue Linienführung und die Finanzierung verzögerten das Projekt. 1898 brachte die Bildung eines Initiativkomitees für eine «Bodensee-Toggenburg-Bahn» (BT) neuen Schwung in das Vorhaben. Dank finanzieller Beteiligung von Kanton und Gemeinden konnte mit den Arbeiten begonnen werden. Nachdem der Kanton 1902 die «Toggenburgerbahn» an den Bund abgetreten hatte, und sich dieser zum Bau der Rickenbahn und des Rickentunnels zwischen Wattwil und Uznach verpflichtet hatte, konnte auch der letzte und wichtige Abschnitt in Angriff genommen werden. Anfänglich bestand sogar die Idee einer Linienführung von Ebnat-Kappel über den Rickenpass. 1910 wurde der Rickentunnel mit einem grossen Volksfest feierlich eingeweiht. Der Bau der ganzen Strecke der BT war sehr anspruchsvoll, zählte man doch nicht weniger als 30 Brücken mit über zehn Metern Länge und 17 Tunnels.[9]

Die Länge des Rickentunnels beträgt 8'604 Meter. Der Bau selber verlief ohne grosse Probleme, bis auf hie und da auftretende Methangase. Zum Abtransport des Ausbruchmaterials wurde eine spezielle Werkbahn mit 74 cm Spurweite eingerichtet – im Stollen von Pferden, im fertigen Tunnel von einer Dampflokomotive gezogen. Der Ausbau des Tunnels

---

9   Kaspar, Bodensee-Toggenburg-Bahn; Sankt-Galler Geschichte, Bd. 5, S. 132-134.

Endlich ist es soweit. Der Rickentunnel kann eingeweiht werden. *Ortsarchiv Wattwil: Fotosammlung*

erfolgte durchgehend mit Bruchsteinmauerwerk. Der Durchstich erfolgte am 30. März 1908, die Inbetriebnahme war am 1. Oktober 1910. Die gesamten Baukosten beliefen sich auf 17 Millionen Franken.

Erste Schatten auf der «Belle Epoque»

Trotz Wirtschaftswachstum, Bauboom und Pioniergeist zeigen sich bei näherem Hinsehen nach 1900 in der Schweiz erste Schatten am Horizont der «schönen Zeit». Eine umfassende Abhandlung über die Vorkriegszeit ist nicht Thema dieses Buches, immerhin soll der Hinweis auf einige dieser Erscheinungen helfen, die Zeit um 1912 besser zu verstehen.

In den ersten Jahren des 20. Jahrhunderts wanderten viele Schweizerinnen und Schweizer aus. Allein zwischen 1900 und 1910 verliessen rund 50'000 Menschen ihre Heimat. Dem stand ein starker Zustrom von Ausländern gegenüber, welche vorwiegend im Baugewerbe Beschäftigung fanden. Ihr Anteil – vorwiegend Deutsche und Italiener – betrug am Vorabend des Ersten Weltkrieges gesamtschweizerisch 12 %. In den Städten war der Anteil spürbar höher: Genf 41.1 % / Basel 37.8 % / Zürich 33.8 %.[10] Ähnlich waren die Verhältnisse in der Region St.Gallen. Die Volkszählung von 1910 ergab für den Bezirk St.Gallen bei einer Gesamtbevölkerung von 37'869 Personen einen Bestand an 11'764 Ausländern. Dies entsprach

---

10 Mittler, Der Weg, S. 575.

einem Anteil von 31 %.[11] Neben der ausländischen Wohnbevölkerung wurden auch die Heerscharen der ausländischen Touristen, welche jedes Jahr die Schweiz besuchten, als Teil der «Überfremdung» wahrgenommen. Hinzu kam die starke Präsenz der ausländischen Industriemächte in der Schweizer Wirtschaft, allen voran Deutschland und England. Diese wurde von der Bevölkerung sehr wohl wahrgenommen und zunehmend als bedrohend empfunden.

Der «Gotthardvertrag» vom 13.10.1909[12]

Anlass zu diesem Vertrag zwischen der Schweiz, Deutschland und Italien war der Rückkauf der Gotthardbahn durch die Eidgenossenschaft. Da Deutschland und Italien den Bau der Bahn mit grossen Beträgen unterstützt hatten, erklärten beide im Februar 1909, dass ein solcher Rückkauf ohne ihre Einwilligung nicht rechtens sei. Die Eidgenossenschaft hingegen stellte sich auf den Standpunkt, dass ein solcher Rückkauf ihrem souveränen Recht entspräche. Eine Konferenz zwischen den drei Staaten im März und April 1909 endete mit der Unterzeichnung des Vertrages. Als Ausgleich für den Verzicht auf eine Kapital- und Betriebsgewinnbeteiligung erhielten Berlin und Rom bedeutende Tarifvergünstigungen. In breiten Kreisen der Bevölkerung betrachtete man die Vertragsunterzeichnung als massiven Eingriff in die nationale Souveränität und reagierte mit einer Protestbewegung. Die Petition gegen den Vertrag wurde von 116'000 Bürgern unterzeichnet und der Bundesversammlung überreicht. Trotz dieses massiven Protestes wurde der Gotthardvertrag im April 1913 vom National- und Ständerat ratifiziert. Da der Besuch des deutschen Kaisers vor dieser Ratifizierung stattfand, wurde in der Presse immer wieder darüber spekuliert, ob Wilhelm II. mit seiner Schweizerreise Einfluss zugunsten des Vertrages nehmen wolle.

Nach der Jahrhundertwende wurde die «Belle Epoque» zunehmend kritischer beurteilt. Die Abneigung gegen manche Erscheinungen der modernen Zeit wuchs und man begann, in der Bevölkerung und in der Politik auch die negativen Folgen des immer stärkeren Einflusses von Industrie und Technik wahrzunehmen. Viele Menschen reagierten mit einer Hinwendung zur Folklore. Die Freude an patriotischen Festspielen nahm zu.

---

11 Volkszählung 1910, S. 226.
12 Zum Gotthardvertrag siehe: Historisches Lexikon der Schweiz.

Paul Seippel 1899 über die Schweiz:[13]

«Die Schweiz ist nicht mehr das Hirtenland, das es noch im letzten Jahrhundert war; sie entwickelte sich vielmehr langsam zum Industriestaate, und mehr und mehr füllen sich die Reihen der Arbeitssklaven in den Fabriken, die ihrerseits das Kleingewerbe vernichten... Die Leute gehören mit zum Räderwerk der ungeheuern, für den Kapitalismus arbeitenden Maschine, die zwar einen grossen Ertrag abwirft, aber eben in ihrer Eigenschaft als Maschine der Integrität des menschlichen Lebens keine Beachtung schenkt. Dies ist die furchtbare Kehrseite des materiellen Fortschritts, den die menschliche Gesellschaft erzeugte; aus ihr entstanden die Klassenkämpfe.»

Dem aufkommenden «Helvetismus», sprich Nationalismus, stand die Tatsache gegenüber, dass in allen Landesteilen starke Sympathien für die jeweilige eigene Kultur zu finden waren. Vor allem in der Deutschschweiz wurde gerne auf das mit dem Deutschen Reich gemeinsame kulturelle Erbe hingewiesen, gelegentlich auch mit einem deutlichen Hinweis darauf, dass man die stärkste Bevölkerungsgruppe sei. Die Romandie befand sich in dieser Beziehung in einem gewissen Dilemma. Einerseits war Paris der kulturelle «Gradmesser», andererseits hatten die protestantischen Romands Mühe mit dem katholischen Frankreich. Die italienische Schweiz stand auf schwererem Posten. Von ihr erwartete man in Bern und Zürich Wohlverhalten. Probleme mit Rom trübten meist auch die Stimmung gegenüber dem Tessin.[14]

Neben diesem kulturellen Graben innerhalb der Schweiz machte sich auch ein sozialer immer deutlicher bemerkbar. Die in Gewerkschaften und neuen Parteien organisierten Arbeiter betraten immer lauter hörbar die politische Bühne. Ein entscheidender Faktor in diesem Zusammenhang war die Einführung des Proporzwahlrechts in der Schweiz, welches es kleineren politischen Gruppierungen einfacher machte, Sitze in Parlamenten zu erobern. Im Kanton St.Gallen wurde der «Proporz» nach drei vergeblichen Anläufen 1911 eingeführt – mit unmittelbaren Folgen. Im Kantonsparlament von 1912 sassen elf Mitglieder der 1905/06 neu gegründeten sozialdemokratischen Kantonalpartei und 18 Grossräte der Demokraten und Arbeiterpartei. Ausserdem verloren die Liberalen ihre Vormachtstellung an die Konservativen.[15]

---

13 Seippel, Die Schweiz, Bd. 3, S. 578f.; Der Genfer Paul Seippel war Dozent an der ETH Zürich und galt als Moderator zwischen den schweizerischen Kulturen.
14 Vgl. dazu: Mittler, Der Weg, S. 585-592.
15 Sankt-Galler Geschichte, Bd. 6, S. 71-73.

Der Zürcher Generalstreik von 1912[16]

Im März und April streikten in Zürich rund 800 Maler und 400 Schlosser. Sie forderten eine Arbeitszeitverkürzung von einer halben Stunde pro Tag. Die Unternehmer reagierten mit schwarzen Listen, der Ausweisung von ausländischen Arbeitern und dem Zuzug von Streikbrechern aus Hamburg. Die Lage eskalierte, als ein deutscher Streikbrecher am 15. April einen Streikposten erschoss, und zwei Wochen später von einem Gericht frei gesprochen wurde. Der Stadtrat erliess auf Druck des Regierungsrates am 6. Juli ein Streikpostenverbot. Am 11. Juli wurde von der Arbeiterunion und dem Gewerkschaftsbund beschlossen, am 12. Juli einen Generalstreik durchzuführen. Um neun Uhr versammelten sich 15'000 bis 23'000 Arbeiter aus verschiedenen Nationen auf der Rotwandwiese zu dieser Kundgebung. Der Streik verlief friedlich und ohne Zwischenfälle. Noch während des Streiks beschlossen die Unternehmer eine zweitägige Aussperrung der Arbeiter. Aus Angst vor Zwischenfällen bot der Regierungsrat Militär auf und erliess ein Demonstrations- und Versammlungsverbot. Er liess das Volkshaus umstellen und Gewerkschaftssekretäre und verschiedene Mitglieder der Arbeiterunion verhaften.

---

16   Lezzi, Arbeiterbewegung, S. 168; Ragaz/Brassel/Spieler, Zeitgeschehen, S. 103.

5. Die Schweiz in Europa

Allianzen und Kriegspläne[1]

In wirtschaftlicher Hinsicht herrschte in Europa nach der Jahrhundertwende immer noch Euphorie. Die Weltproduktion hatte sich zwischen 1860 und 1913 versiebenfacht, das Wachstum schien unlimitiert und der Glaube an Fortschritt und Technik war ungebrochen. Und doch begann der Glanz der «Belle Epoque» langsam zu verblassen. Die Heerscharen von Fabrikarbeitern, welche das grandiose Wirtschaftswachstum durch ihre «billige Arbeit» erst ermöglicht hatten, riefen immer lauter nach sozialer Gerechtigkeit. In allen Industrienationen setzte sich die «soziale Frage» auf die Tagesordnung. Immer besser organisiert, begannen sich die Arbeiter in Gewerkschaften und sozialistischen Parteien zu organisieren und wehrten sich mit Streiks und Lohnkämpfen gegen ihr soziales Elend.

Bundesrat Forrer begrüsst den Kaiser – «Italien» wendet sich beleidigt ab.
Nebelspalter, 13.4.1912

---

[1] Siehe dazu vor allem: Bonjour, Neutralität, Bd. 2; Mittler, Der Weg, S. 538-592; Sprecher, Generalstabschef, S. 267-270.

Politisch war Europa mehrheitlich monarchistisch geprägt und wurde von einem Dutzend miteinander verwandter Herrscherfamilien dominiert. Die wichtigsten Staaten waren in zwei komplizierte Bündnissysteme eingebunden: Auf der einen Seite die «Entente Cordiale» zwischen Frankreich und Russland (1904), welche sich 1907 um Grossbritannien zur «Triple Entente» erweiterte. Auf der anderen Seite der «Dreibund» (1879), bestehend aus Deutschland, Österreich-Ungarn und dem unsicheren Italien. Seit dem Sieg im Deutsch-Französischen Krieg von 1870 galt Deutschland als der mächtigste Staat in Europa, ausgestattet mit der mächtigsten Armee. Das politische Denken war stark nationalistisch und militaristisch geprägt, verbunden mit massiven Aufrüstungsbestrebungen. Sowohl Deutschland wie Russland haben in der Zeit von 1900 bis 1913 ihre Rüstungsausgaben verdoppelt. Der bereits erwähnte starke Anstieg der Militärausgaben in der Schweiz nach 1899 entsprach also durchaus europäischem Durchschnitt!

Neben dem nationalstaatlichen Denken entstanden gegen Ende des 19. Jahrhunderts auch verschiedene Bewegungen, welche eine Art «ethnisch-kulturellen Nationalismus» verfolgten, letztlich alle mit dem Ziel, Volksgruppen mit dem gleichen kulturellen Hintergrund in einem Staat zu vereinigen. Im deutschsprachigen Bereich war dies die sogenannte «Pangermanismus-», in Italien die «Irredentismus-» und in Frankreich die «Frankophonie» Bewegung. In der Schweiz als Mehrkulturenstaat stiessen solche Ideen selbstverständlich auf Resonanz; vor allem in der Deutschschweiz waren Sympathien für den so erfolgreichen «grossen Bruder» verbreitet.

Eine der vielen Publikationen zum Kaiserbesuch.
Stadtarchiv Zürich: V.L.72-10

Die stark aristokratisch besetzten Generalstäbe der grossen Armeen beschäftigten sich während der ganzen Zeit intensiv mit Angriffs- und Verteidigungsstrategien. Unablässig wurden Pläne geschmiedet, Varianten diskutiert und Ziele festgelegt. Für die Schweiz waren die Kriegsplanungen der beiden Erzfeinde Frankreich und Deutschland von entscheidender Bedeutung, wobei auch Italien immer wieder die Variante eines Durchmarsches durch unser Land diskutierte, falls man dem Bundesgenossen im Norden zu Hilfe eilen müsste. Bis 1894 hatte die Niederringung von Russland in den deutschen Plänen Priorität. Ab 1898/99 rückte mit dem Plan von Graf von Schlieffen der westliche Kriegsschauplatz in den Vordergrund. Diskutiert wurden ein Durchmarsch durch das neutrale Belgien und ab

1905 auch Umgehungsvarianten im Süden, also durch die Schweiz. Allerdings wurde die «Variante Schweiz» nie ernsthaft in Betracht gezogen, im Gegenteil. Schlieffen meinte zu dieser Frage 1905: «Das Betreten der Schweiz durch den Feind würde uns einen Bundesgenossen verschaffen, dessen wir sehr bedürfen und der einen Teil der feindlichen Kräfte nach sich zöge...».[2] Die Bedrohung durch Italien fiel nach 1900 faktisch weg, da alle Pläne einer militärischen Kooperation zwischen Italien und Deutschland aufgegeben wurden.[3]

Zur Frage der Neutralität[4]

Eine Postkarte zum Besuch in Zürich.
Stadtarchiv Zürich: V.L.72

Die strategische Bedeutung der Schweiz hatte in den letzten Jahrzehnten vor dem Ersten Weltkrieg zugenommen. Dies hing in erster Linie mit der bahntechnischen Erschliessung der Alpenübergänge zusammen: Gotthardbahn (1882), Simplonbahn (1906) und Lötschbergbahn (1913). Dies wurde von der Schweizer Politik sehr wohl wahrgenommen. Bundesrat Emil Frey stellte bereits am 9. November 1891 fest, als er eine Erhöhung des Militärbudgets verlangte, dass die Gefahr, «in die allgemein-europäische Entwicklung hineingezogen zu werden», niemals grösser gewesen sei.[5]

Wie bereits verschiedentlich erwähnt, wurde eine Verletzung der Schweizer Neutralität von den Generalstäben Deutschlands nie ernsthaft in Erwägung gezogen. Die gleiche Haltung scheint auch Österreich-Ungarn eingenommen zu haben. Als Feldmarschall Conrad von Hötzendorf 1910 die Herbstmanöver des II. Armeekorps besuchte, liess er sich versichern, dass die Schweiz jeden als Gegner behandeln werde, der die Neutralität verletze. Das Kaiserreich Österreich-Ungarn spekulierte sogar zeitweise auf ein Bündnis mit der Schweiz gegen den italienischen Irredentismus. Auch die politischen und militärischen Führer Frankreichs haben

---

2 Sprecher von Bernegg, Fragen der Landesverteidigung, S. 7.
3 Bonjour, Neutralität, Bd. 2, S. 525.
4 Zur Neutralität siehe vor allem: Bonjour, Neutralität, Bd. 2.; Mittler, Der Weg, S. 11-307.
5 Zitiert nach: Bonjour, Neutralität, Bd. 2, S. 509f.

vor dem Ersten Weltkrieg nie ernsthaft eine Verletzung der eidgenössischen Neutralität ins Auge gefasst. Es waren jedoch Befürchtungen vorhanden, Deutschland und Italien könnten die Schweiz als Aufmarschgebiet benutzen. Die Schweiz bemühte sich immer wieder, gegenüber dem westlichen Nachbarn die Ernsthaftigkeit ihrer Neutralität zu demonstrieren. In diesem Zusammenhang ist auch der hochoffizielle Staatsbesuch des französischen Präsidenten Fallières im August 1910 zu sehen. Das Misstrauen der Franzosen aber blieb. Die Angst, die Schweiz könnte eher die deutsche Seite unterstützen, fand immer wieder Eingang in die militärischen Planungen Frankreichs. Grossbritannien misstraute der schweizerischen Neutralität.[6] Man war überzeugt, die Schweiz sei übermässig mit Deutschen und deutschem Geist durchsetzt und ihre Sympathien seien völlig auf deutsch-österreichischer Seite. Eine grosse Quelle dieses Misstrauens war Johann Heinrich Angst, von 1886 bis 1916 britischer Generalkonsul in Zürich und gleichzeitig Direktor des Schweizerischen Landesmuseums. Er trug mit seinen Berichten über den zunehmenden Einfluss Deutschlands massgeblich zur britischen Haltung bei. Das grösste Misstrauen bestand auf Seite Italiens. Hier tauchten immer wieder Gerüchte auf, die Schweiz und Österreich-Ungarn hätten ein Bündnis geschlossen, um sich gegen den italienischen Irredentismus zu schützen. Beide Länder wiesen grosse italienisch sprechende Gebiete auf. Das italienische Misstrauen war mindestens nachvollziehbar.

«Gegacker» im gallischen Hühnerstall ob des kaiserlichen Besuchs bei Wilhelm Tell.
Elbe-Zeitung, 7.9.1912

---

6   Stern, Neutralität.

Le grandi manovre svizzere
La rivista finale

Die grossen Schweizer Manöver aus italienischer Sicht.   *Avanti Mailand, 7.9.1912*

Ulrich Wille wie Sprecher von Bernegg pflegten sehr enge und auch private Beziehungen zu den militärischen und politischen Führern Deutschlands und Österreich-Ungarns.

Neben der Frage, wie die Nachbarstaaten zur schweizerischen Neutralität standen, gilt es auch zu betrachten, wie die Schweiz selber ihre Neutralität definierte.

Die Neutralität wurde in der Schweiz durchaus aktiv ausgelegt. Generalstabschef Sprecher von Bernegg schlug dem Chef des Militärdepartements schon im Dezember 1906 in einem «Memorial» vor, Vorkehrungen für eine Kooperation mit dem Gegner eines möglichen Invasors zu treffen: «Ich hielte es für eine Torheit, in dieser Lage auf ein Bündnis mit dem Gegner des Invasors zu verzichten».[7] In seinem Memorial über die «militärpolitische Lage der Schweiz und die Aufmärsche der schweizerischen Armee» vom Dezember 1906 sah Sprecher von Bernegg eine mögliche Verletzung der Neutralität in erster Linie bei Frankreich, mit geringer Wahrscheinlichkeit bei Italien und keinesfalls bei Deutschland oder Österreich-Ungarn. Je nach Kriegslage schlug er Bündnisse mit nicht angreifenden Nachbarn vor.[8]

Der Generalstabschef liess im folgenden Jahr ein Muster eines solchen Eventualallianzvertrages[9] mit genau ausformulierten praktischen Schritten erarbeiten. In den darauffolgenden Jahren diskutierte Sprecher von Bernegg mit den Generalstäben von Deutschland und Österreich-Ungarn bei verschiedenen Gelegenheiten die Möglichkeit eines solchen Koope-

---

7   Sprecher, Sprecher von Bernegg, S. 292-294.
8   Ebenda.
9   Zu den Eventualallianzverträgen siehe: Bonjour, Neutralität, Bd. 2, S. 535-549.; Sprecher, Generalstabschef, S. 137-182.

Wilhelm II.: «Ich will ein Zimmer – aber ohne Sozialisten»
Avanti Mailand, 5.9.1912

rationsvertrages. Konkrete Verträge wurden aber nie abgeschlossen. Es gibt keine Hinweise darauf, dass entsprechende Gespräche auch mit Frankreich und Italien geführt wurden.

Im Februar 1912 unterbreitete Sprecher von Bernegg dem Vorsteher des Militärdepartements ein weiteres «Memorial zur Mobilmachung und zur Bereitstellung des Heeres». An seiner Beurteilung der Lage hatte sich seit 1906 nichts Entscheidendes geändert. Eine Neutralitätsverletzung war in seiner Einschätzung in erster Linie durch Frankreich oder mit etwas geringerer Wahrscheinlichkeit durch Italien möglich; eine Bedrohung durch Deutschland oder Österreich-Ungarn schloss er kategorisch aus. Je nach Kriegslage schlug er wiederum vor, Bündnisse mit nicht angreifenden Nachbarländern einzugehen. Sprecher von Bernegg hielt ausdrücklich fest, dass der Neutrale erst Abwehrmassnahmen treffen dürfe, wenn ein Einbruch stattgefunden habe, oder die Angriffsabsicht eines Nachbarn offenkundig sei.[10]

Am 12. Dezember 1912 genehmigte der Bundesrat Vorschriften zur Handhabung der Neutralität für die Truppenkommandanten:[11]
- strenge Einhaltung der Neutralität gemäss Haager Abkommen
- strenge Unparteilichkeit in den Beziehungen zu allen Kriegsführenden
- strenge Vorschriften für den Transport von Kriegsmaterial (Einfuhr, Ausfuhr, Durchfuhr)

Gleichzeitig wurden bereits verschiedene Massnahmen zur Sicherstellung der Landesversorgung eingeleitet.

---

10 Sprecher, Generalstabschef, S. 294-296.
11 Bonjour, Neutralität, Bd. 2, S. 551.

Zusammenfassend lässt sich festhalten, dass die Diskussion um eine starre oder flexible Haltung in der Frage der Neutralität in der Vorkriegszeit zu einer spürbaren Verunsicherung geführt hat. Das Vertrauen in das Konzept der Neutralität sank nicht nur bei den Politikern, sondern auch in Offizierskreisen. Dazu beigetragen hat sicher auch die meist offene Sympathie der verschiedenen Landesteile für das jeweilige kulturelle «Bruderland». Generell kann man das Verhältnis zu Deutschland als eng, fast brüderlich, jenes zu Österreich-Ungarn als freundschaftlich und jenes zu Frankreich als gut, mit gelegentlichen Misstönen, bezeichnen. Nur das Verhältnis zu Italien war angespannt.

Beim Ausbruch des Ersten Weltkrieges 1914 verkündete der Bundesrat die von der Bundesversammlung beschlossene strikte Neutralität der Schweiz und zog damit einen Schlussstrich unter die Diskussionen – vorläufig!

Der Gegensatz könnte nicht grösser sein: Der Kaiser und der Ur-Demokrat Forrer!
Kantonsbibliothek Vadiana St.Gallen

Sprecher von Bernegg in einem Vortrag am 16. März 1927:[12]

«Ich selbst darf wohl sagen, dass ich durch die Gespräche, die ich seit 1907 beim Besuch deutscher Manöver und bei Anlass des Kaiserbesuches von 1912 mit Generaloberst v. Moltke pflegen konnte, über die Absichten der deutschen Heeresleitung hinsichtlich der Schweiz ziemlich genau unterrichtet war. Der Kaiserbesuch hatte zugestandenermassen vor allem den Zweck, dem Kaiser und seinen Oberoffizieren Gelegenheit zu geben, den militärischen Wert der schweizerischen Armee durch eigene Anschauung kennen zu lernen. Der deutschen Heeresleitung war daran gelegen, im Falle eines Krieges gegen Frankreich in der linken Flanke durch verlässliche Sicherung der schweizerischen Neutralität unbedingt gedeckt zu sein. Ganz im Sinne öfterer Besprechungen mit Bundesrat Müller sel., dem Vorsteher unseres Militärdepartements, konnte ich Moltke die Versicherung geben, wie es übrigens allen unseren Nachbarstaaten bekannt war, dass die Schweiz von keiner Seite eine Verletzung ihres Gebietes dulden und mit allen Kräften sich dagegen zur Wehr setzen werde. Die Berichte der deutschen Militärattachés und der Augenschein von 1912 hatten dem deutschen Generalstab die Überzeugung verliehen, nicht nur, dass es der Schweiz ernst mit dem Schutz der Neutralität, sondern, dass sie auch in der Lage sei, diesen Schutz wirksam durchzuführen. Wenn eine dem Milizsystem abgeneigte Presse damals anders urteilte, so fiel dies gegenüber sachverständiger Beobachtung nicht ins Gewicht.... Soviel ist gewiss, dass Moltke, wie jeder andere Heerführer in gleicher Lage, damit rechnete, dass es nötigenfalls zu einem Zusammengehen der Schweiz mit dem Gegner des Invasors kommen werde. Diesem Gedanken entsprach auch die Äusserung, die Moltke später mir gegenüber fallen liess: 'Ich fürchte, sie [die Franzosen] tun Ihnen nichts.' Wie Schlieffen rechnete auch er im Falle eines französischen Einbruches mit der Möglichkeit der schweizerischen Bundesgenossenschaft.»

Vorderansicht einer Faltkarte mit vier Blättern zum Manöver von 1912.
Historisches und Völkerkundemuseum St.Gallen

---

12   Sprecher von Bernegg, Fragen der Landesverteidigung, S.8.

6. Die Bedeutung des Kaiserbesuchs

Entspanntes Warten am festlich geschmückten Bahnhof Wil.   Bibliothek am Guisanplatz Bern: A 1706

Wie wir in den vorangegangenen Kapiteln gesehen haben, hatte der Besuch des deutschen Kaisers im September 1912 vor allem den Charakter eines grossen «Volksfestes». Seine Reiseroute war gesäumt von Schaulustigen, und längere Aufenthalte immer von einem für die Zeit gewaltigen Zuschaueraufmarsch begleitet waren. Die Begeisterung der Bevölkerung für den Monarchen war meist unkritisch und aus heutiger Sicht naiv, wohl aber ehrlich gemeint. Die «Kaiserreise» war minutiös geplant und bis ins kleinste Detail perfekt in Szene gesetzt. Sämtliche medialen Mittel (Text, Fotografie und bewegte Bilder) wurden eingesetzt, um Wilhelm II. ins «richtige Bild» zu rücken, was die Bezeichnung «Medienstar» für den Kaiser. wohl rechtfertigt. Dass sich dabei die Bezeichnung «Friedenskaiser» nur in Bezug auf die Tatsache aufrecht erhalten lässt, dass seit dem Deutsch-Französischen Krieg von 1870/71 kein europäischer Konflikt mehr ausgetragen wurde, ist im Lichte der weiteren Entwicklung nach 1912 zwar offensichtlich, aber nicht Thema dieses Buches.

Die Gedenkstein Diskussion[1]

In der Kommission des Verkehrsvereins Kirchberg wurde nach den «Kaisermanövern» darüber diskutiert, ob als Erinnerung an das Ereignis ein Gedenkstein gesetzt werden sollte. Der Kirchberger Korrespondent des «Stadtanzeigers» berichtete darüber, was zu einer Kontroverse in den Schweizer Zeitungen führte. Vor allem die «Aargauer Nachrichten» machten sich über den «Servilismus» der Kirchberger lustig. «Der Alttoggenburger» meinte in einer Reaktion darauf, dass die Aargauer sich wohl ärgerten, dass «seine Majestät nicht der Residenz des Kulturstaates seine Aufwartung gemacht» habe. Und weiter: «Sollte einst vom Kaiserhügel im Luftkurort Kirchberg doch ein Gedenkstein hinausleuchten ins Land, lasst ihn leuchten zur Erinnerung an den riesigen Massenbesuch jener Tage und an Deutschlands ritterlichen Kaiser.»

Es stellt sich natürlich die Frage, ob Wilhelm II. mit dem «Schweizerbesuch» bestimmte Absichten verfolgte. Wichtig sind in diesem Zusammenhang die beiden Festansprachen. Sowohl Bundespräsident Ludwig Forrer wie auch der deutsche Kaiser haben am Festbankett vom 6. September im Bernerhof den Besuch offiziell gewürdigt. Ludwig Forrer betonte, dass die Schweiz zu allen Nachbarstaaten freundschaftliche Beziehungen pflege, wobei die-

Die ausländischen Offiziere und der Fotograf werden bestaunt. Bibliothek am Guisanplatz Bern: A 1706

---

1   Historisches Lexikon der Schweiz.

Offiziere zu Pferd beim Bahnhof Wil machen sich auf den Weg ins Manövergelände.   *Stadtarchiv Wil*

jenigen zu Deutschland die «umfangreichsten» seien. Er bedankte sich für die «freundliche Gesinnung» des Kaisers und stellte mit Genugtuung fest, dass seine Majestät dem Schweizer Wehrwesen «ein so sympathisches Interesse» entgegenbringe. Zur Armee hielt er fest: «Wir besitzen den bestimmten Vorsatz, unsere Unabhängigkeit gegenüber jedem Angriffe auf dieses unser höchstes Gut zu schützen und unsere Neutralität gegenüber jedem, der sie nicht respektiert, zu wahren. Ein notwendiges und zweckdienliches Mittel hiezu bildet eine tüchtige und schlagfertige Armee. Uns eine solche zu sichern, ist eine unserer vornehmsten Staatsaufgaben, für deren Erfüllung wir alle unsere Kräfte einsetzen.» Selbstkritisch meinte er zum Milizsystem: «Wir sind uns der Licht- und Schattenseiten desselben bewusst. Wir anerkennen dankbar jede, auch die herbe Kritik, die von kompetenter Seite an unserem Wehrwesen geübt wird, und sind bestrebt, bestehende Mängel zu heben.»[2] Kaiser Wilhelm II. bedankte sich in seiner Ansprache für die freundlichen Worte und betonte, dass er seit langem den Wunsch gehegt habe, die «schweizerischen Truppen manövrieren zu sehen». Seit uralter Zeit seien «die Bewohner der Schweizergebirge tüchtige und kernige Kämpfer» gewesen. Die beiden Manövertage hätten ihn erkennen lassen, «dass im schweizerischen Heerwesen von allen Seiten mit ausserordentlichem Eifer gearbeitet» werde, und dass «der schweizerische Soldat grosse Anstrengungen aus Liebe zum Vaterland mit Freude» ertrage, und das Schweizerheer «von der Liebe des ganzen Schweizervolkes» getragen werde. Es sei der Wille der Vorsehung gewesen, dass sich inmitten der vier benachbarten Grossmächte die schweizerische Eidgenossenschaft «als wohlgeordneter, allen friedlichen Bestrebungen zugewandter, auf seine Unabhängigkeit stolzer neutraler Bundesstaat» entwickeln konnte.

---

2   Schaer, Kaiser Wilhelm II., S. 62-64.

Die Schweiz und das Deutsche Reich seien «bei aller Eigenart ihrer staatlichen Einrichtungen und ungeachtet der Verschiedenheit ihrer geschichtlichen Entwicklung nicht nur durch den Austausch ihrer Produkte» eng miteinander verknüpft, sondern auch «durch ihr geistiges Leben und Schaffen». Deshalb wolle man «in herzlicher, vertrauensvoller Freundschaft nebeneinander stehen».[3]

> Wilhelm II. meinte zu einem Appenzeller Füsilier: «Na, was würdet ihr Schweizer denn tun, wenn ich mit hunderttausend Mann gegen euch aufmarschiere?» – «Hondertttuusig? Hemmer au.» – «Und wenn es zweihunderttausend wären?» – «Hemmer au.» – «Donnerwetter, dann halt vierhunderttausend!» – Der Appenzeller überlegt ein Weilchen: «Zwää mol lade, Majestät.»[4]

Wenn wir den Äusserungen Wilhelms II. Glauben schenken, dann ist davon auszugehen, dass er und sein engster Kreis von Vertrauten in erster Linie einen «Augenschein» bei der Schweizer Armee nehmen wollten. Dafür spricht nicht nur die «Selbsteinladung» eben gerade zu diesem Zweck, sondern auch die Tatsache, dass der ganze Besuch auf das Manöver des 3. Armeekorps ausgerichtet war. Der Besuch der Bundeshauptstadt und damit des Zentrums der Schweizer Demokratie kam an letzter Stelle. Hans Rudolf Kurz liegt in seiner Analyse wohl richtig, wenn er feststellt, dass sich der Kaiser und sein Generalstab vor Ort versichern wollten, dass es die Schweiz mit ihrem Neutralitätsversprechen ernst meint und die Schweizer Armee auch willens und in der Lage wäre, diese Neutralität zu verteidigen und durchzusetzen.[5]

Tatsache ist, dass die deutsche Westplanung zu dieser Zeit die militärischen Kräfte im Norden konzentrierte und den südlichen Flügel eher vernachlässigte. Die deutsche Kriegsplanung war darauf angewiesen, dass die Schweiz mit der Durchsetzung ihres Neutralitätsstatuts de facto diesen «Flankenschutz» übernahm. Wilhelm II. nahm sicher mit Genugtuung zur Kenntnis, dass der Schweizer Bundespräsident in seiner Ansprache gerade diesen Willen der Schweiz zur Verteidigung der Neutralität so stark betont hatte.

Generalstabschef Sprecher von Bernegg meinte zum Stellenwert der Schweizer Neutralität 1927 rückblickend Folgendes:[6] «Wir müssen uns ohne weiteres gestehen, dass wir die Bewahrung unseres Landes im Weltkriege, nächst der göttlichen Vorsehung, vorab dem Umstand zu verdanken haben, dass die beiden Kriegsparteien gleicherweise Wert

---

3   Schaer, Kaiser Wilhelm II., S. 64-67.
4   Die 7. Division, S. 55.
5   Kurz, Kaiserbesuch, S. 496.
6   Sprecher von Bernegg, Fragen der Landesverteidigung, S. 30f.

Im Zentrum des Geschehens auf dem «Kaiserhügel». Rechts im Bild Korpskommandant Ulrich Wille.
Gemeindearchiv Kirchberg

legten auf die Erhaltung der schweizerischen Neutralität. Sie liessen sich denn auch angelegen sein, sie zu achten und auch dem Gegner keinen Vorwand zur Verletzung zu geben. Ich weiss wohl, dass ich mit diesem Satze das Verdienst der Armee um den Schutz unseres Landes in den Augen der antimilitaristischen und anderer Kritiker nicht mehre, sondern eher herabsetze. Sie wollen aber nicht übersehen, dass, hätten die Kriegführenden nicht das Vertrauen in unsere Armee gehabt, sie sei imstande, einen Angriff gegen sie zu einem mindestens opferreichen und langwierigen zu machen, jede Partei leicht auf den Gedanken hätte kommen können, dem stets mit Misstrauen betrachteten Gegner zuvorzukommen und den zerstörenden Kampf auf fremdes Gebiet zu tragen, um das eigene zu schonen.»

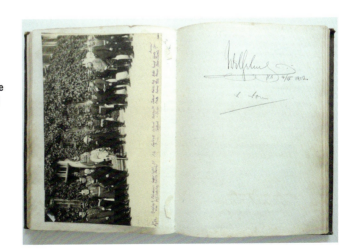

Das Gästebuch der Kartause Ittingen mit der Unterschrift von Kaiser Wilhelm II.
Stiftung Kartause Ittingen

Die Übung «Kaiser»

1988 feierte die Felddivision 7 ihr 50-jähriges Bestehen.[7] Das Jubiläum wurde – in Erinnerung an das «Kaisermanöver» von 1912 – mit der Übung «Kaiser» in der Region Wil-Unteres Toggenburg-Tösstal begangen. Als besondere Attraktion spielten Soldaten in historischen Uniformen am Originalschauplatz in Kirchberg am 22. Oktober Teile des «Kaisermanövers» nach. Die «Übung Kaiser» führte zu heftigen Diskussionen in den Medien und zu einer Protestkundgebung von Seiten der «Gruppe für eine Schweiz ohne Armee» (GSoA) anlässlich des offiziellen Festanlasses in Uzwil. Nationalrat Paul Rechsteiner verlangte vom Bundesrat am 4. Oktober 1988 in einer «Einfachen Anfrage» eine Stellungnahme zur «neutralitätspolitisch» und unter «demokratisch-republikanischen Gesichtspunkten» bedenklichen Feier. Der Bundesrat antwortete am 23. November mit der Feststellung, dass Anlage und Durchführung von Truppenübungen Sache der jeweiligen Kommandanten seien und sah keine Veranlassung, Stellung zu nehmen.[8] Die ganze Diskussion hatte besondere Brisanz, weil sie im Vorfeld der Abstimmung vom 26. November 1989 über die Initiative «Schweiz ohne Armee und eine umfassende Friedenspolitik» der GSoA stattfand.

Die GSoA demonstriert in Uzwil – mit Kaisermasken. *Hans Fässler, St.Gallen*

---

7   Die Geschichte der Felddivision 7 beginnt bereits 1867 als 5. Armee-Division. Auf den 1. Januar 1912 erfolgte die Umbenennung in die 6. Division. Mit der Truppenordnung von 1938 hiess sie wieder 7. Division. Auf Ende 2003 wurden alle Verbände der Division aufgelöst. Vgl.: Die 7. Division; Greminger, Die Felddivision 7; Bischof, Angriff mit Hurra-Rufen.
8   Einfache Anfrage 88.1021 EA Rechsteiner Paul.

Über die Reaktionen in der **Schweizer Presse** ist an anderer Stelle bereits Einiges angeführt worden. Generell wohlwollend bis begeistert sind die Reaktionen in den Deutschschweizer Blättern zu charakterisieren – mit Ausnahme der sozialdemokratischen Presse, welche sogar bezweifelte, dass «das Schweizervolk besondere Freude über einen solchen Besuch» empfinde.[9] Kritischer und vorsichtiger waren die Kommentare in der Westschweiz. Stellvertretend dafür ein Zitat aus dem «Journal de Genève»:[10] «Die ausserordentliche Entwicklung des Reiches, sein militärischer und wirtschaftlicher Imperialismus, der die liberale Tradition der hohen deutschen Kultur an die zweite Stelle rückte, der stetig aktivere Schutz, den Deutschland seiner Industrie und seinem Handel auch ausserhalb seiner Grenzen angedeihen liess, die Gefahren, die aus dieser Politik für ein viel kleineres Land, das auf seinem Boden ein immer mächtigeres Anschwellen des fremden Einflusses konstatiert, resultieren, haben bei uns berechtigte Unruhe geweckt... Das ist für uns der leichte Schatten, der auf diese Festtage fällt».

Der Nebelspalter macht sich lustig über die zu erwartende «Flut» von Auszeichnungen durch Wilhelm II.
Nebelspalter, 31.8.1912

Die **deutsche Presse** legte Wert auf die Feststellung, dass Kaiser Wilhelm II. mit seinem Besuch keinerlei politische Absichten verfolgt habe, sondern die Vertiefung des freundschaftlichen Verhältnisses das Ziel gewesen sei.[11] Auch der Gesandte von Bülow resümierte, dass Wilhelm II. «bei seiner Schweizerreise keine politischen oder wirtschaftlichen Hintergedanken» gehabt habe. Jeder Gedanke einer «pangermanischen Invasion» entspreche nicht den Absichten des Kaisers und den führenden Männern der deutschen Politik. «Wir haben übrigens mit Vergnügen gesehen, dass man den Besuch auch in der französischen Schweiz so aufgefasst hat und dass die welsche Presse nicht weniger höflich gegen den Kaiser war als die deutsch-schweizerische. Wir wissen, dass die Schweizer einzig Schweizer und nichts anderes sein wollen und dass sie vor allem darauf halten, ihre Neutralität und Unabhängigkeit zu bewahren.»[12]

---

9 Zürcher Volksrecht, 2. September 1912.
10 Zit. nach: St.Galler Tagblatt, 4. September 1912, Morgenausgabe.
11 Kommentar des Berliner Korrespondenten vom 8. September 1912 in der Neuen Zürcher Zeitung, 10. September 1912, Drittes Abendblatt; Norddeutsche Allgemeine Zeitung, 8. September 1912, zit. nach: Neue Zürcher Zeitung, 9. September 1912, Zweites Morgenblatt.
12 St.Galler Tagblatt, 10. September 1912, Morgenblatt.

Die Schweiz habe es verstanden, «ihr politisches Ansehen nicht trotz ihrer Neutralität, sondern eben durch sie auf eine bemerkenswerte Höhe zu bringen», so die «Deutsche Tageszeitung». Gelobt wurde ausdrücklich die republikanische Erscheinung des Schweizer Bundespräsidenten Ludwig Forrer: «...eine echte schweizerische Erscheinung: ein weisser, vollbärtiger Tellkopf; im Äussern und in seinem ganzen Auftreten von grösster Einfachheit. Er ist und will, der frühere Advokat, durchaus nur Bürger sein.»[13]

Bundesrat Forrer mit Vollbart, oft symbolisch mit Wilhelm Tell verglichen.
Kantonsbibliothek Vadiana St.Gallen

Die sozialdemokratische Presse berichtete mit keiner Silbe über die «Schweizerreise» des Kaisers, was den «Schwäbischen Merkur» zum Kommentar veranlasste: «Die Leser der sozialdemokratischen Presse sollen keine Kenntnisse von der Tatsache haben, dass das Reichsoberhaupt von den freien Bürgern der eidgenössischen Republik geehrt, gefeiert und umjubelt wird; sie sollen auch nichts davon vernehmen, dass der Monarch, den sie so gern als Absolutisten schildern, mit den demokratischen Spitzen der Eidgenossenschaft, unter denen Sozialdemokraten zahlreich genug vorhanden sind, auf das angenehmste und leichteste verkehrt.»[14]

Die «Kölnische Zeitung» vermerkte, «...dass man im Deutschen Reich die Schweizer als Stammeszugehörige der grossen und tüchtigen germanischen Rasse» betrachte und dass man sich «gerade bei den ausgesprochenen deutschdenkenden Reichsangehörigen ihrer als Angehörige einer Nation erfreut, die sich ihre Eigenart des geistigen und politischen Lebens so echt und so glücklich bewahrt hat wie wenige deutsche Stämme ausserhalb der

---

13 Berliner Tageblatt, zit. nach: Die Ostschweiz, 4. September 1912, Abendblatt.
14 Zit. nach: Die Ostschweiz, 10. September 1912, Morgenblatt.

Der aufwändig gestaltete Umschlag und das Programm der Zürcher Gesangsvereine anlässlich des Kaiserbesuchs.
Stadtarchiv Zürich: V.L.72

Reichsgrenzen.» Die Schweiz habe eine Brückenfunktion zwischen germanischer und romanischer Kultur, dank dem «Zusammenleben verschiedener Kulturrassen am Fusse der Schweizer Alpen.»[15]

Das Interesse der **französischen Presse** am Kaiserbesuch war gross. Die «Croix» meinte bereits am 31. August 1912, der Kaiser sei begierig, den kleinen Nachbarn in Waffen zu sehen, denn «sein Widerstand könnte unangenehm werden im Falle eines deutsch-französischen Streites.» Die Schweizer gehörten schliesslich zu den «berühmtesten Kriegern Europas».[16] Nach dem Abschluss des Kaiserbesuches stellte das «Journal de débats» fest, dass die Schweiz sich vollkommen neutral verhalten und Wilhelm II. genau so herzlich aufgenommen habe, wie den französischen Präsidenten Fallières.[17] «Eclair» zeigte sich besonders erfreut über den grandiosen Empfang, den das Volk General Pau überall bereitete. «Der natürliche Verstand des Volkes hat diese günstige Gelegenheit ergriffen, um zu zeigen, dass es sich den germanischen Anstrengungen, alle Aufmerksamkeit auf sich zu lenken, zu widerstehen weiss». Dies entspreche «genau dem Geiste aufrichtiger Neutralität». Die Schweizer hätten ein instinktives Misstrauen gegenüber Schmeicheleien und Verführungskünsten.[18] «Le Temps» erinnerte an die mannhaften Worte Forrers über die Unabhängigkeit und die Neutralität der Schweiz.[19] Ihr Sonderkorrespondent René Puaux meinte, das Ziel des Kaisers sei «de charmer et de conquérir ses hôtes» gewesen. In diesem Punkt habe der deutsche Monarch «pleinement réussi».[20]

---

15 Die Kölnische Zeitung, 3. September 1912.
16 Zit. nach: Berner Intelligenzblatt, 31. August 1912, Morgenausgabe.
17 Zit. nach: Neue Zürcher Zeitung, 9. September 1912, Zweites Morgenblatt.
18 Zit. nach: Neue Zürcher Zeitung, 9. September 1912, Zweites Morgenblatt.
19 Le Temps, 7. September 1912.
20 Le Temps, 11. September 1912.

Capitaine de Tarle vermutete in seiner Studie zum Kaisermanöver, dass die Deutschen wohl mit einer Missachtung der Schweizer Neutralität durch die Franzosen rechneten. Er setzte sich entschieden gegen solche aus seiner Sicht absurden Vorwürfe zur Wehr und ergänzte: «L'armée suisse, quelque inférieure qu'elle reste aux armées française et allemande, n'est pas une force négligeable.»[21] Besonders bemerkenswert sind die Aussagen des französischen Staatsmanns de Freycinet, welche er in einem Interview mit dem St.Galler Tagblatt in Bad Ragaz machte. De Freycinet war Mitglied des obersten französischen Kriegsrates und Senator, vertrat also die offizielle französische Politik:[22] «Anno 1870 war ich dabei, als der Kriegsplan ausgearbeitet wurde. Seither und bis auf den heutigen Tag bin ich mit allen Absichten und Plänen des Kriegsministeriums vertraut. Weder damals, noch je, noch heute, war es die Absicht, kam es je einem Beteiligten nur in den Sinn, wurde je die Frage nur aufgeworfen, die Neutralität der Schweiz zu verletzen, die Schweiz zum Kriegsschauplatz zu machen, oder sie anders zu behandeln, als einen befreundeten Staat oder Nachbarn. Auch wäre es unstaatsmännisch und geradezu sinnlos, sich durch eine feindselige Handlung einen Staat von der Wichtigkeit der Schweiz zum Feinde zu machen und ihn in die Hände des Gegners zu treiben. Sagen Sie dies ihren Landsleuten.»

In der **italienischen Presse** war ein leichtes Unbehagen gegenüber dem Kaiserbesuch spürbar. Man sah überall das Gespenst des Pangermanismus und vermutete in der Kaiserreise auch den Versuch, den wirtschaftlichen Einfluss in der Schweiz zu vergrössern. «Kaiser Wilhelm lässt sich nicht bitten; er kommt spontan überall dorthin, wo er glaubt, dem Handel und der Industrie seines Landes eine Bresche schlagen zu können.»[23]

Alle Kommentare und Analysen deuten darauf hin, dass die Frage der Stärke und der Zuverlässigkeit der Armee der neutralen Schweiz am Vorabend des Ersten Weltkrieges für alle umliegenden Staaten von grossem Interesse war. Edgar Bonjour kam in seinem Werk über die Schweizerische Neutralität zum Schluss, dass die deutschen Militärs nach dem Besuch der Kaisermanöver von der Fähigkeit der Schweiz überzeugt waren, «ihre Grenzen selber zu schützen.»[24]

---

21 De Tarle, L'armée Suisse, S. 47.
22 St.Galler Tagblatt, 2. September 1912, Abendblatt.
23 Vita, zit. nach: Berner Intelligenzblatt, 12. September 1912, Erstes Blatt.
24 Bonjour, Neutralität, Bd. 2., S. 526.

Anhang

Quellen und Literatur

App, Rolf: Wilhelm II. im Toggenburg, in : Toggenburger Annalen 1978, S. 71-84.

Bericht des Botschafters in Berlin, 3. Februar 1911, BA E 2001/692.

Besuch des deutschen Kaisers Wilhelm II am 4. Sept. 1912 in der Kartause Ittingen bei Oberst Viktor Fehr, Gutsherr. Anlässlich der Kaisermanöver am 4.-8. September 1912, zusammengestellt durch Georges Bridel, München/Zürich/Luzern im Juni 2008 (3. Ausgabe).

Bischof, Alois: 09.02 Uhr: Angriff mit Hurra-Rufen – Kaisermanöver 1912 und 1988 im Toggenburg, Wochen Zeitung 14. Oktober 1988.

Bonjour, Edgar: Geschichte der schweizerischen Neutralität. Vier Jahrhunderte eidgenössischer Aussenpolitik, 2 Bde., 4. Auflage, Basel 1970.

Braun, Peter / Bühlmann, Christian: Schweizerische Militärdoktrin im Widerstreit der Meinungen, Militäry Power Revue der Schweizer Armee Nr. 1, Beilage zur ASMZ 5/2006, S. 12-20.

De Tarle, A., Capitaine: L'armée Suisse et ses Manoeuvres en 1912, Paris 1913.

Die Ergebnisse der eidgenössischen Volkszählung vom 1. Dezember 1910, 2. Band, Bern 1917.

Die 7. Division. Von der 7. Armeedivision zur Felddivision 7. Beiträge zur Geschichte der Ostschweizer Truppen, 3. ergänzte Auflage, Herisau 1988.

Favre, Colonel Camille: Détails de manoeuvres, in: Revue Militaire Suisse 1912, S. 909-912.

Feyler, Colonel: Les manoeuvres du 3e corps d'armée en 1912, in: Revue Militaire Suisse 1912, S. 809-827.

Forster Marc: Der Kaiser und ich – und seine Linde, St.Galler Tagblatt, 5. August 2008.

Fuhrer, Hans Rudolf: Die «Markwalder-Affäre», in: Fuhrer, Hans Rudolf; Strässle Paul Meinrad (Hg): General Ulrich Wille, Zürich 2003, S. 139-166.

Fuhrer, Hans Rudolf: General Ulrich Wille – eine biographische Skizze, in: Fuhrer, Hans Rudolf; Strässle Paul Meinrad (Hg): General Ulrich Wille, Zürich 2003, S. 57-58.

Fuhrer, Hans Rudolf; Strässle Paul Meinrad (Hg): General Ulrich Wille, Zürich 2003.

Generale besuchten Innerrhoden. 75 Jahre alte Gedenktafel weckt interessante Erinnerungen, Appenzeller Volksfreund 27. August 1983.

Greminger, Thomas / Stutz, Peter (Hrsg.): Die Felddivision 7. Rückblick auf die letzten zwei Jahrzehnte, Herisau 2003.

Gysler, Heiri: Erinnerungen an den Kaiserbesuch, in: Gysler, Heiri: Wandlungen in Zürich, Gockhausen 1994, S. 101-104.

Helbling, Carl: General Ulrich Wille. Biographie, Zürich 1957.

Historisches Lexikon der Schweiz (HLS), deutsche Ausgabe, Basel 2002.

Inauen, Josef: Kaiser Wilhelm II. bei den Schweizer Manövern 1912, Dokumentation.

Industriestatistik der drei Kantone St.Gallen, Appenzell und Thurgau, aufgenommen in der zweiten Hälfte 1910, St.Gallen 1911.

Inglin, Meinrad: Schweizer Spiegel, Roman, 2. Fassung, Zürich 1955, S. 7-18 (Abschnitt über das Kaisermanöver 1912).

Jaun, Rudolf: Erziehung, Männlichkeit und Krieg. Überkreuzungen im Denken Ulrich Willes, in: Fuhrer, Hans Rudolf; Strässle Paul Meinrad (Hg): General Ulrich Wille, Zürich 2003, S. 221-243.

«Kaisermanöver der Felddivision 7», Einfache Anfrage EA 88.1021 von Paul Rechsteiner vom 4.10.1988.

Kaspar, C. Dr.,: Die Bodensee-Toggenburg-Bahn fünfzigjährig, St.Gallen 1960.

Knoepfli, Albert: Geschichte von Aadorf. Farbaufnahmen von Hans Baumgartner. Zum 1100-Jahr-Jubiläum 1986 geschrieben, 1987 von der Bürgergemeinde Aadorf herausgegeben, Frauenfeld 1987.

Kohlrausch, Martin: Der Mann mit dem Adlerhelm. Wilhelm II. – Medienstar um 1900, in: Gerhard Paul (Hrsg): Bilder, die Geschichte schrieben. 1900 bis heute, Bonn 2011, S.18-25.

Kürenberg, Joachim von: War alles falsch? Das Leben Kaiser Wilhelm II., Basel-Olten 1940.

Kurz, Hans Rudolf: Der deutsche Kaiserbesuch in der Schweiz, ASMZ 9/1962, S. 489-496.

Lezzi, Otto: Zur Geschichte der Schweizerischen Arbeiterbewegung, Zürich 1990.

Meienberg, Niklaus: Die Welt als Wille und Wahn, Elemente zur Kulturgeschichte eines Clans, 7. Auflage, Zürich 2005.

Meyer, Julius, Oberstleutnant: Bericht über die Manöver von 1912, ASMZ 1912, S. 301-305.

Mittler, Max: Der Weg zum Ersten Weltkrieg: Wie neutral war die Schweiz? Zürich 2003.

Mörgeli, Christoph: War General Wille senil? Zur Klärung einer persönlichen und politischen Intrige, in: Fuhrer, Hans Rudolf; Strässle Paul Meinrad (Hg): General Ulrich Wille, Zürich 2003, S. 85-107.

Politisches Jahrbuch der Schweizerischen Eidgenossenschaft, begründet von Dr. Carl Hilty, fortgesetzt von Dr. W. Burckhardt, 26. Jahrgang, Bern 1912.

Politisches Jahrbuch der Schweizerischen Eidgenossenschaft, begründet von Dr. Carl Hilty, fortgesetzt von Dr. W. Burckhardt, 27. Jahrgang, Bern 1913.

Protokoll Bürgerversammlungen der Politischen Gemeinde Kirchberg 1900-1918, Protokoll vom 13. Oktober 1912, Gemeindearchiv Kirchberg: B 12.2.1.

Protokoll der Dorf- und Wasserkorporation Dietschwil 1901-1925, Archiv Dorfkorporation Dietschwil.

Protokoll des Bundesrates vom 30.9.1908, BA E 2001/692.

Protokoll Gemeinderat Kirchberg 1910-1914, Gemeindearchiv Kirchberg: B 14.2.1.

Protokolle Stadtrat Wil 1912, Stadtarchiv Wil.

Protokolle Stadtrat Zürich 1912, Stadtarchiv Zürich.

Ragaz, Leonhard / Brassel Ruedi / Spieler Willy (Hrsg.): Eingriffe ins Zeitgeschehen, Reich Gottes und Politik. Texte von 1900 bis 1945, Luzern 1995.

Rahn, Bernhard: Impressionen vom Kaiserbesuch Wilhelms II. in der Schweiz 3.–6. September 1912, in: Zürcher Taschenbuch auf das Jahr 1958, herausgegeben mit Unterstützung der antiquarischen Gesellschaft von einer Gesellschaft zürcherischer Geschichtsfreunde, Neue Folge, 78. Jahrgang, Zürich 1957, S. 140-158.

Randnotizen zu den Kaisermanövern von 1912. Vortrag anlässlich des 5. Wilerbummels der Thurgovia, Samstag, den 26. August 1989.

Rüesch, Ernst: Die Kaisermanöver von 1912, in: Schweizer Soldat 1/1989, S. 6-8.

Sankt-Galler Geschichte, 9 Bände, St.Gallen 2003.

Schaer, Alfred: Kaiser Wilhelm II. in der Schweiz, Zürich 1912.

Schwager, Alois: 1912 – «Kaisermanöver» im Toggenburg: hoher Besuch vor 65 Jahren, Toggenburger 3. Juni 1977.

Schwarzenbach, Alexis: Ulrich Wille und seine Tochter Renée Schwarzenbach-Wille, in: Fuhrer, Hans Rudolf; Strässle Paul Meinrad (Hg): General Ulrich Wille, Zürich 2003, S. 69-83.

Schweizerische Armeekorpsmanöver 1912. III. Armeekorps. Mit Übersicht der Manövertruppen, Zürich 1912, Stadtarchiv Zürich, V.L.72: Sch 2, M 8.

Seippel, Paul: Die Schweiz im 19. Jahrhundert, 3 Bände, Bern 1899.

Senn, Hans: Ulrich Willes Anteil an der Entwicklung einer kriegsgenügenden Schweizer Milizarmee, in: Fuhrer, Hans Rudolf; Strässle Paul Meinrad (Hg): General Ulrich Wille, Zürich 2003, S. 289-303.

Spitteler, Carl: Unser Schweizer Standpunkt, Rede, gehalten vor der Neuen Helvetischen Gesellschaft, Gruppe Zürich, 14. Dezember 1914.

Sprecher, Daniel: Generalstabschef Theophil Sprecher von Bernegg, Zürich 2000.

Sprecher von Bernegg, Theophil, Oberstkorpskommandant: Fragen der Schweizerischen Landesverteidigung nach den Erfahrungen in der Zeit des Weltkrieges. Vortrag gehalten am 16. März 1927 in Bern auf Veranlassung der Gruppe Bern des Volksbundes für die Unabhängigkeit der Schweiz, Schweizerische Politik Heft 3, 6. Auflage, Zürich 1933.

Statistisches Jahrbuch der Schweiz, hrsg. vom Statistischen Bureau des eidg. Departements des Innern, Zwanzigster Jahrgang 1911.

Stern, Alfred: Die Neutralität der Schweiz in englischer Beleuchtung bei Voraussicht des Weltkrieges, in: Neue Schweizer Rundschau, Neue Folge, 1. Jahrgang, Nr. 7/1934, Zürich 1934, S. S. 434-443.

Verkehrspolizeiliche Anordnungen anlässlich des Kaiserbesuchs 3.-5. September 1912, Zürich, 26. August 1912: Stadtarchiv Zürich V.L.72., Sch.1, M 1.

Wälti, Simon: Eiertanz um die Neutralität: vor 96 Jahren war Kaiser Wilhelm II. zu Besuch in Bern – zuvor hatte er bei den «Kaisermanövern» die Schweizer Armee inspiziert, Der Bund 22. September 2008.

Warth, Werner: Kaiser Wilhelm II. in Wil, in: Toggenburger Jahrbuch 2012, Wattwil 2011, S. 37-52.

Zeitungen und Zeitschriften

Avanti Mailand.

Berner Intelligenzblatt, Freisinnig-demokratisches Organ. Tagesanzeiger für die Stadt und den Kanton Bern.

Der Alttoggenburger, Regionalzeitung für Alt- und Untertoggenburg, Wyl und Umgegend.

Die Kaisertage in der Schweiz. Zur Erinnerung an den Besuch Kaiser Wilhelm II. in der Schweiz vom 4. bis 8. September 1912. 53 Illustrationen, Separatabdruck aus der Schweizer Illustrierten Zeitung, Verlag Ringier & Cie., Zofingen, ohne Datum.

Die Kölnische Zeitung.

Die Ostschweiz.

Die Schweizer-Familie. Illustriertes Wochenblatt, Jahrgang 1912.

Elbe-Zeitung.

Illustrierte Zeitung, hsg. Von J.J. Weber, Leipzig, Sonderausgabe «Zum Besuch des Deutschen Kaisers in der Schweiz», 12. September 1912.

La France.

Le Figaro.

Le Temps.

Nebelspalter.

Neue Zürcher Zeitung und Schweizerisches Handelsblatt.

Neues Wiler Tagblatt.

Schweizer Illustrierte Zeitung, Verlagsanstalt Ringier & Cie., Zofingen, Jahrgang 1912.

St.Galler Tagblatt, Tagblatt der Stadt St.Gallen und der Kantone St.Gallen, Appenzell und Thurgau.

Tages Anzeiger für Stadt und Kanton Zürich. Unparteiische Zeitung für Jedermann und Haupt-Insertionsorgan für die ganze deutsche Schweiz.

Vaterland.

Vorwärts. Die sozialistische Zeitung, Basel.

Volksstimme, Sozialdemokratisches Tagblatt für die Stadt St.Gallen und die Kantone St.Gallen, Appenzell und Thurgau, St.Gallen.

Wiler Bote.

Wiler Zeitung.

Zürcher Volksrecht.